LES

FÉERIES INDUSTRIELLES

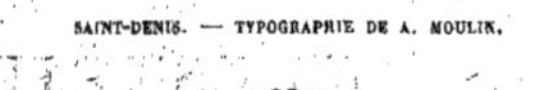

SAINT-DENIS. — TYPOGRAPHIE DE A. MOULIN.

UN ENGOURDISSEMENT GÉNÉRAL S'EMPARA DE LUI, IL DORMIT.....

1062

LES

FÉERIES INDUSTRIELLES

PAR

ALEXANDRE DE SAILLET

ILLUSTRÉES DE SEIZE COMPOSITIONS, PAR H. TELORY

PARIS
LIBRAIRIE DE L'ENFANCE ET DE LA JEUNESSE
DE E. DUCROCQ
55, Rue de Seine, vis-à-vis la rue Jacob

1862

INTRODUCTION

« Donnez-moi un point d'appui et je soulèverai le globe terrestre, » disait il y a plus de deux mille ans l'illustre Archimède, le plus savant des ingénieurs de l'antiquité... Que dirait-il donc aujourd'hui? — Donnez-moi assez de lumière électrique, et je vous ferai un autre soleil, aussi riche, aussi splendide, aussi fécond que celui qui nous éclaire et dont vous serez les maîtres absolus? — Donnez-moi assez de vapeur, assez de fer, et je supprimerai les distances, je rapprocherai les points du globe les plus éloignés; on ne voyagera plus, on sera presque aussitôt arrivé que parti; — soumettez à ma volonté les gaz répandus dans la nature, et je changerai la température de ce globe; je rendrai habitable la région qui ne l'était pas, et inhabitable celle qui réunissait toutes les conditions de salubrité. — Donnez moi de produire à ma guise l'électricité, de m'en servir à ma fantaisie, et je promènerai l'incendie, la ruine sur les villes ennemies; partout où je voudrai, là où était la vie, je mettrai la mort. Là où florissaient les sociétés humaines, je ferai le désert, et aussi je ferai la vie là où était le néant. — Donnez-moi assez de conducteurs électriques, et deux hommes, placés chacun à l'extrémité du monde, se parleront et se répondront presque aussi promptement que s'ils étaient tranquillement assis aux deux coins de la même cheminée. Je déplacerai les mers, je ferai couler l'eau à flots limpides dans les déserts de sable brûlés du soleil, je dessécherai les plus grands lacs, je les transformerai en prairies verdoyantes, je transporterai les montagnes, je les changerai en vallées profondes; je donnerai l'intelligence au fer, au bronze, aux métaux; ils travailleront pour vous; ils seront vos infatigables et dociles esclaves. Commandez-leur les travaux les plus gigantesques, les plus compliqués, les plus délicats.... ils vont obéir avec une admirable exactitude d'exécution?

Ainsi dirait Archimède aujourd'hui, et il dirait vrai.

— Mais, mon papa, tout ce que vous me dites aujourd'hui, tout ce que vous m'avez dit ces jours précédents, me semble un *Conte de Fée.*

— Le premier inventeur des fées avait pressenti les destinées de la science, mon cher enfant... N'est-elle pas en effet la fée toute puissante! Il avait pressenti qu'un jour la science réaliserait les rêves les plus impossibles des poëtes, qu'elle irait au delà des plus étranges créations de l'imagination humaine, et que la puissance de l'homme ne s'arrêterait qu'aux limites où commencent les droits que s'est réservés le Créateur; tout ce qui est matière est à l'homme; il l'agrége et la désagrége, l'unit dans d'innombrables combinaisons, lui arrache à son profit toutes ses vertus secrètes et mystérieuses, il en est le maître, et la toute puissance dont il jouit sur elle n'est bornée que par les lois de la conscience, car là commence le domaine sans fin que Dieu s'est spécialement réservé.

— Si l'on voulait par exemple changer l'eau en vin, on le pourrait?

— Hélas oui! et trop aisément. A Paris le miracle des noces de Cana se renouvelle dans d'effrayantes proportions chaque jour... on ferait un fleuve avec le vin qu'on y boit, et dans lequel il n'entre pas un grain de raisin; on fait de l'eau-de-vie avec de la sciure de bois... et bien d'autres tristes miracles encore?

— Mais si l'on voulait marcher sur l'eau?

— On y marche avec les patins natatoires.

— Et descendre au fond de la mer?

— On y descend tous les jours pour opérer des sauvetages.

— Une machine pour faire les vers latins?

— Elle existe en Angleterre et fonctionne depuis vingt ans.

— Oh! papa, quand je serai en troisième, vous m'achèterez cette machine-là, n'est-ce pas?

— Je ne te le promets pas... Au surplus si tu veux te former une idée de ce que peut la science, lis un peu ce livre qu'étudie ton frère aîné; certains passages t'intéresseront, j'en suis sûr, mais selon ta malheureuse habitude, ne t'endors pas en lisant; car le sommeil qui suit immédiatement les repas est mauvais à la santé, dangereux même.

— Mauvais, je ne dis pas, petit père, mais dangereux!...

— Oui, dangereux ; il arrête la digestion, peut produire des maux de tête, rend le sang lourd, l'estomac paresseux et provoque souvent de ces rêves fatigants qu'on appelle des CAUCHEMARS.

— Des cauchemars?

— Oui, on nomme ainsi des rêves où la réalité se mêle à la fantaisie, le vrai à l'impossible, où la vérité se dénature, prend des proportions monstrueuses, se produit au milieu de circonstances absurdes, risibles, ridicules ou effrayantes ; une sorte de délire fiévreux, dont les détails inimaginables se lient pourtant entre eux dans un certain ordre et produisent, en quelque sorte, l'effet d'une broderie folle qui, sur un fond de vérité, courrait en zyg zags, en spirales, d'un dessin sans cesse brisé et repris, se croisant et s'entre-croisant pour former des images inconnues, incohérentes, imprévues, capricieuses parfois au delà de toute expression ; durant ce sommeil bizarre, on éprouve toutes les sensations que produirait la réalité, et on se réveille horriblement fatigué.

— Oh! mais, dit Hercule effrayé, je ne voudrais pas avoir un de ces vilains cauchemars, on doit trop souffrir! et bien sûr, je ne m'endormirai pas ce soir!

— « Belle résolution... nous verrons comment tu la tiendras... Voici ton livre. »

L'ouvrage était assurément fort intéressant, mais d'une forme un peu trop avancée pour l'âge du petit Hercule Lambert, le héros de notre histoire (la suite vous montrera s'il était digne de porter ce nom...) il y prit d'abord un vif intérêt, mais les efforts de son esprit en détendirent bientôt les ressorts ;.. d'ailleurs, on était en été, l'atmosphère était lourde, le ciel orageux... puis il sortait de dîner, et il avait la coutume, nous le savons, de s'endormir tous les soirs à ce moment, en dépit des sages conseils de son père.

Or, on ne réforme pas, en un moment, une mauvaise habitude qui date de loin; bientôt, comme disent les gens de la campagne, la bonne femme lui jeta du sable dans les yeux; ils commencèrent à se fermer malgré lui; Hercule lutta d'abord courageusement, il faut lui rendre cette justice, mais, bientôt, le sommeil triompha de cette résistance inhabituelle, le livre lui tomba des mains, un engourdissement général s'empara de lui, il dormit...

LES

FÉERIES INDUSTRIELLES

CHAPITRE PREMIER.

Voyage inouï d'Hercule Lambert.

Tout à coup Hercule sentit une main puissante s'appesantir sur son front, puis une voix mystérieuse lui dit : — Pauvre enfant, te voilà donc orphelin! — Quoi! mon bon père! — Il a péri victime de son zèle en inspectant une mine où le feu grisou avait fait des ravages... — Et ma mère? — Elle est morte de chagrin subitement, en apprenant cette nouvelle. — Oh! mon Dieu! mon Dieu!... Je ne les verrai plus! mon bon petit père!... mon excellente petite mère! ah! mon Dieu! mon Dieu!... et les sanglots, le suffoquant, lui coupèrent la parole... — Tes parents ne t'ont laissé aucune fortune, reprit la voix mystérieuse, tu n'as plus d'autre ressource que la charité publique ou la mendicité...

— Moi, reprit le petit Hercule, moi mendier ! plutôt mourir !

— J'aime cette fierté en ta jeune âme ! mais la mort est la ressource criminelle d'une âme qui s'abandonne elle-même...

— Que faire donc !

— Veux-tu travailler ?

— Si petit, si faible, si ignorant ; à quel travail suis-je propre ?

— Veux-tu travailler ?

— Je le veux bien... mais...

— Veux-tu travailler, reprit la voix d'un ton sévère, veux-tu employer toutes les forces de ton corps et de ton esprit à gagner ta vie?...

— Je ne veux pas mendier ?...

— Entre donc résolûment dans la voie du travail. Le travail est d'origine divine, l'Éternel a voulu en donner lui-même l'exemple à ses créatures ; le travail est le plus saint hommage que l'homme puisse rendre à Dieu.

— Eh bien ! avec l'appui du bon Dieu, je veux résolûment entrer dans la voie du travail.

— Tu ne te laisseras pas effrayer par les dangers ?

— Mon père ne les craignit jamais, j'imiterai mon père.

— Tu ne te laisseras point décourager même par des apparences d'impossibilités.

— Non ! avec l'aide de la Providence.

— C'est bien, enfant ! je suis satisfait ! je veillerai sur toi !... Aussi longtemps que tu persisteras dans cette

bonne résolution, ma main s'étendra sur toi !... mais à la première défaillance de ton cœur, je t'abandonnerai à toi-même ;... faibliras-tu ?

— Hélas ! je suis bien petit, bien jeune, bien faible, mais je prierai si bien le bon Dieu qu'il ne m'abandonnera pas... je l'espère.

— Le Seigneur n'abandonne jamais ceux qui ont en lui une confiance raisonnable, c'est-à-dire ceux à qui le courage ne fait pas défaut;... es-tu résolu?

— Oui! oui!

— Viens donc!

Puis le petit Hercule Lambert, en frissonnant, se sentit enlevé comme une plume par une main puissante qui le transporta à travers des espaces immenses, où tour à tour il éprouva une chaleur telle que ses habits étaient trempés de sa transpiration; tantôt, au contraire, il ressentait un froid si intense que ses dents en claquaient et il lui semblait par moments que le sang se figeait dans ses veines, que sa respiration s'arrêtait et qu'il allait mourir. Tantôt, il traversait avec la rapidité de l'éclair des régions toutes pleines d'horribles ténèbres, tantôt des régions éblouissantes de clartés presque insupportables; les oreilles lui tintaient, douloureusement frappées par des bruits sourds semblables aux roulements de tonnerres lointains ou aux mugissements éloignés de l'océan, quand l'ouragan en fouette et creuse les flots de ses ailes gigantesques; quelquefois, c'était des silences vastes et terribles, image épouvantable du néant; son âme haletante de troubles et d'angoisses y roulait sans jamais entrevoir une place où se reposer.

Durant ce voyage dans les espaces inconnus, il perdit complétement la perception du temps, et n'aurait pu dire s'il voyageait depuis quelques minutes ou depuis de longues années; sentant le vertige s'emparer de lui il ferma les yeux, se boucha les oreilles et le voyage continua... Enfin, il éprouva une légère et soudaine commotion, ses pieds reposaient sur un corps solide... — C'est ici, dit la voix mystérieuse, souviens-toi et je me souviendrai!... Hercule comprit aussitôt qu'il était rendu à la liberté de ses mouvements, il ouvrit les yeux et se trouvant sur le bord d'un lac, il s'y regarda... Quel fut son étonnement! son menton, ses joues, ses lèvres, étaient couverts d'une barbe noire, longue, touffue, sa taille était celle d'un homme parvenu à sa croissance, il comprit que son voyage avait duré au moins vingt ans!... Alors il jeta un regard autour de lui et son étonnement s'accrut encore bien davantage.

CHAPITRE II.

Hercule entreprend une conversation avec un Géant. — Ce qui en résulte.

E pays dans lèquel il se trouvait transporté dépassait tout ce que l'imagination la plus fantasque aurait pu inventer... Hercule était, comme nous l'avons dit, sur le bord d'un lac immense, ou du moins l'amas d'eau qu'il vit lui parut un lac immense qui s'enfonçait dans une forêt impénétrable aux rayons du soleil, tant les arbres en étaient rapprochés... il essaya pourtant d'y entrer, mais aussitôt il en vit s'élancer un animal de la taille d'un mouton qui passa devant lui avec la rapidité d'une flèche, et s'alla poster à deux cents pas plus loin, d'un air très-effrayé; Hercule, examinant cet animal à loisir, reconnut en lui tous les signes extérieurs du lièvre et courant vers lui, il le vit s'enfuir de nouveau avec épouvante... c'était bien un lièvre! « Ah! se dit Hercule stupéfait, si, dans ce pays, les lièvres sont de la taille des moutons de mon pays, quelle doit être la dimension de ceux-ci? » L'idée lui vint alors de grimper

.... C'ÉTAIT BIEN UN LIÈVRE !

jusqu'au sommet d'un des arbres de cette forêt. Ces arbres offraient quelque analogie avec nos peupliers et leur sommet formait une sorte d'aigrette. Quelle fut de nouveau la surprise d'Hercule, lorsque arrivé au faîte de l'arbre, il aperçut des fruits durs et secs, offrant exactement la forme d'un grain de blé de la dimension d'un gros concombre !... « Ah ! s'écria-t-il, je suis perdu dans un champ de blé ! mais alors si tout est conséquent ici, les noix doivent y égaler en grosseur nos potirons, les noisettes y seront de la dimension de nos melons ; les chevaux aussi gros qu'une de nos maisons. Les chaumières y seront de la hauteur de nos plus magnifiques cathédrales, mais alors celles-ci ressembleront à des montagnes, et les hommes, quelle taille auront-ils? cette pensée est très-peu rassurante, car pour un des habitants de cet étrange pays, je ne serai moi, tout au plus, qu'une sauterelle perdue dans un champ de blé ; il m'écrasera sous son pied sans même se douter qu'il commet un homicide !... »

Hercule ne put s'empêcher de frissonner à l'idée d'une telle mort, mais il se remit promptement, et, toujours perché sur sa tige de blé, il se mit à réfléchir aux moyens de protéger son existence. Son estomac lui criait déjà impérieusement qu'il était grand temps d'y songer, s'il ne voulait pas périr d'inanition d'abord... Comme il s'ingéniait aux moyens de se nourrir, il vit une grande ombre couvrir un espace considérable du pays; regardant quelle pouvait être la cause de cette ombre qui se produisait soudainement, il reconnut de loin qu'un homme s'avançait... quel homme, bon Dieu !... son pied seul couvrait un mètre carré ! Il s'approchait... Hercule trembla malgré lui !... mais le géant tourna ses pas d'un autre côté, Hercule se croyait sauvé et déjà remerciait Dieu, quand une hirondelle de la taille d'un condor faillit le happer au vol... Hercule se laissa glisser jusqu'à terre, mais là, il se trouva en face d'un chat de la taille d'un lion qui n'eût fait de lui qu'une bouchée... « Oh ! oh !

pensa le pauvre Hercule, je n'irai pas tirer celui-ci par la queue comme je faisais au chat de mon père... celui-ci est bien trop respectable pour cela! » Et il se sentit rougir d'une honte secrète, en comprenant que sa tyrannie envers le pauvre Mimi n'était au fond qu'une lâche cruauté... « Bah! ajouta-t-il, nous tuons bien nos lions et nous domptons les éléphants; je trouverai peut-être le moyen de me défendre de ces trop gros chats! » Mais il réfléchit alors aussitôt que les chats sont en bien plus grand nombre que les lions, et que d'ailleurs son extrême petitesse l'exposait à mille dangers de toute espèce dans un pays où il pouvait devenir la pâture d'une hirondelle, ou bien rencontrer un ennemi encore sérieux dans une souris. « Ah! se dit-il, ce qui distingue l'homme de tous les animaux, c'est bien moins la taille que la raison! Si je pouvais me faire entendre d'un des hommes de ce pays. Je trouverais peut-être en lui un protecteur! mais comment faire parvenir ma voix frêle à son oreille? Pour lui ma voix égalera à peine le cri d'une petite cigale aux oreilles des hommes de ma race! Il faut pourtant, sous peine de périr, lier conversation avec un de ces géants... Je n'ai pas d'instrument pour tirer parti des productions naturelles du pays, pas d'arme pour tuer même un lièvre... on m'en fournirait sans doute... Je ferais bien peut-être de m'adresser à un enfant. » — Puis se reprenant vivement en rougissant : « Oh! non! non! ce moyen est le pire! un enfant! il pourrait, pour s'amuser, m'attacher un fil à une jambe au risque de me l'arracher comme je le faisais aux hannetons... Les enfants sont presque tous cruels envers les insectes et les petits animaux inoffensifs;... pour un enfant de ce pays, je ne serais qu'un insecte! Adressons-nous plutôt à un homme... d'un âge mûr... » Aussitôt, il remonta au faîte de son épi de blé... Le géant revenait de son côté... Hercule cria de toutes ses forces : « M. le géant! M. le géant! » celui-ci retourna la tête... « C'est singulier, dit-il, voici le cri d'un insecte inconnu... — M. le géant! reprit Hercule, ayez pitié de moi! » Le

ET LE PLAÇANT DANS LE VASTE CREUX DE SA MAIN, IL L'EXAMINA AVEC LA PLUS GRANDE ATTENTION.

géant regarda enfin du côté d'Hercule et le vit... « Quel singulier insecte, dit-il, je n'en ai jamais vu de semblable. » Il le saisit alors délicatement entre le pouce et l'index de la main droite, et le plaçant dans le vaste creux de la main gauche, il l'examina avec la plus grande attention... « Étrange! étrange! disait-il, dans son incroyable petitesse, c'est fait comme un homme! » — Ayez pitié de moi! reprit Hercule en joignant les mains et en se mettant à genoux. « Plus étrange! se disait le géant, ça se meut avec les mouvements d'un homme! ça s'est mis à genoux, comme d'un air suppliant... si c'était un homme! N'ai-je pas ouï-dire qu'il y avait des hommes bien plus petits en proportion d'un homme tel que moi, qu'un oiseau-mouche ne l'est en proportion d'un aigle? Comment m'assurer de son espèce!

On voit qu'Hercule s'était assez heureusement adressé à une sorte de philosophe... Cependant il s'ingéniait à se faire entendre... Mais rien! il ne trouvait rien? « Pourvu qu'il ne me laisse pas tomber de sa main par terre! Quarante mètres de haut! Je ne m'en relèverais pas! Mon Dieu! mon Dieu! pensait Hercule, inspirez-moi!... »

« Parle-lui par signes, dit la voix mystérieuse, — c'est la langue universelle. »

Hercule, toujours à genoux dans le creux de la main du géant, montra d'une main le ciel, et mit l'autre sur son cœur; puis il posa l'index sur son front et ensuite montra ses lèvres, en faisant ce signe de tête qui veut dire « *oui* » dans toutes les langues. — Grand Dieu! s'écria le géant, il vous connaît! c'est un homme! il pense et veut sans doute parler; c'est un homme comme moi!... Je conserverai avec soin cette curiosité humaine... Je lui ferai établir une petite cage selon sa taille, et je la porterai à la chaîne de ma montre comme une précieuse breloque.

Cette pensée du géant était mauvaise; dès lors qu'il reconnaissait en Hercule Lambert une créature de Dieu, faite moralement à l'image du Créateur, c'est-à-dire pensante, capable d'amour et de volonté; qu'elle fût belle ou laide, grande ou petite, il devait la respecter. Cette créature n'avait-elle pas une âme comme lui! Or, l'âme étant immatérielle par sa nature, n'occupe pas de place; le corps du plus petit nain peut renfermer une grande âme, c'est-à-dire une âme noble, généreuse, puissante; le corps d'un géant peut ne renfermer qu'une très-petite âme, c'est-à-dire une âme sans noblesse, sans intelligence, sans vertu, sans puissance!...

Hercule devina ce qui se passait dans l'esprit du géant, et trembla de tous ses membres. « Ne tremble pas, lui dit la voix mystérieuse, et souviens-toi!... »

« Pourquoi tremblerais-je, en effet, pensa Hercule, si le corps de cet homme est énormément plus grand que le mien, qui me dit que son intelligence soit plus développée que la mienne? Voyons donc si, par mon intelligence, je ne pourrai pas rendre la partie égale entre nous...

Hercule se prit à réfléchir profondément.

Cependant la chaleur devenait étouffante; le géant, accablé d'un sommeil soudain, étendit la masse énorme de son corps sur la terre, et plaça un coin de son mouchoir sur Hercule, absolument comme nous ferions pour garder une sauterelle prisonnière sans l'écraser. Hercule respirait à l'aise sous un pli du mouchoir comme sous une tente spacieuse. Mais il était prisonnier et mourant de faim. — « A l'œuvre, se dit-il, en prenant courage; que Dieu me soit en aide, et vive la liberté! »

Ne pouvant soulever cette lourde toile, il prit son couteau, et en moins d'une heure de travail, il s'ouvrit une issue et sortit de sa prison : « Oh! dit-il, avec un soupir d'aise, qu'il fait bon revoir le ciel! mais il faudrait communiquer, par la parole, avec ce géant pour qui ma voix, dans sa plus haute portée, n'est qu'un bruit imperceptible? Si je pouvais seulement déraciner une de ces pailles gigantesques, j'en ferais un porte-voix ! »

« La voilà à ta disposition, » dit la voix mystérieuse. En même temps, il vit une main bien autrement puissante que celle du géant, saisir cette paille entre deux doigts, la déraciner et la jeter à ses pieds, brisée entre l'intervalle de deux nœuds.

« Merci, main puissante et protectrice, s'écria-t-il. Ah! si j'avais maintenant une de ces noisettes, j'en ferais une conque apte à entrer dans l'oreille du géant.

» La voilà, reprit la voix mystérieuse, et la noisette (quelle noisette !) tomba près de lui.

» Mais il faudrait qu'elle fût ouverte d'un côté et percée de l'autre pour y introduire la paille.

» C'est fait, dit la voix.

» Mais maintenant il faudrait placer le tout à l'oreille du géant.

» Essaie, » dit la voix.

Hercule, non sans étonnement, souleva aisément cet appareil et le disposa comme il devait l'être pour produire son effet. Alors, se plaçant à l'autre bout, il introduisit toute sa tête dans le canal de la paille et cria de tous ses poumons : — « Monsieur, mon bon monsieur, ayez pitié de moi; je suis un homme comme vous! »

Le géant se réveilla en sursaut, sans déranger toutefois l'appareil : — « *Un homme comme moi!* » pensa-t-il, qui donc me parle? suivant alors la direction du brin de paille : Hé ! c'est cet insecte ! dit-il. — Puis, ayant réfléchi que sa propre voix, par son immense étendue, devait être aussi imperceptible à cet inconnu que celle de celui-ci, par son extrême ténuité, était imperceptible à son oreille gigantesque, il modéra ses accents et parla tout bas…

— Qui es-tu ?

— Un homme comme vous, infiniment plus petit, mais doué de raison, de sensibilité, pensant et pouvant exprimer ses pensées par la parole. Au nom de Dieu, votre créateur, votre père et le mien, ayez pitié de moi, respectez-vous vous-même en moi, respectez en moi l'âme faite comme la vôtre, à l'image de Dieu !

— L'insecte a raison, pensa le géant contrarié pourtant dans ses projets, par cette prière faite au nom de Dieu ! — Puis à Hercule : « Mais comment est-il possible que Dieu ait fait des hommes si infiniment petits !

— A ses yeux, êtes-vous plus grand que moi !

— C'est juste, dit le géant, vaincu par cette réplique; il n'y a rien de grand auprès de l'infini. Décidément, cet insecte est un homme.... D'où viens-tu ?

— De la terre !

— Qu'est-ce que cela?

— Une planète qui gravite dans l'espace ! un monde qui, vu au microscope, serait absolument semblable à celui-ci.

— Un microscope? Qu'est-ce que cela, reprit le géant.

« Ah ! bien, ils ne sont pas en progrès dans ce pays-ci, pensa Hercule. C'est bon à savoir. »

— Dis-moi donc ce que c'est qu'un microscope, dit le géant.

— C'est un instrument de verre qui, construit d'après certains procédés, fait paraître cent, mille, un million de fois les objets plus gros qu'ils ne le sont réellement, sans altérer l'harmonie de leurs formes.

— Tu pourrais m'en faire un?

— Peut-être. — Je n'en désespérerais pas, Dieu aidant.

« Je m'en souviendrai, » pensa le géant ; puis, tout haut : « Qui t'a conduit ici? »

— Une main toute-puissante et inconnue qui m'a transporté à travers des espaces, infranchissables sans elle !

— Et que veux-tu?

— La liberté, d'abord ; vous n'avez pas le droit de me la ravir.

— Non. Si tu es un homme comme moi, sauf les dimensions... Et après?

— Aide, protection, nourriture, quelques miettes de votre repas!

— Puisque tu connais Dieu, tu dois connaître ses commandements : « Celui qui ne travaille pas ne doit pas manger. »

— Je ne demande qu'à travailler.

— A quoi peux-tu nous servir, toi, si petit, nous, si grands!

— Qui sait! essayez, commandez!...

— Soit : l'expérience ne sera pas longue; nous verrons promptement si tu es un homme et si tu as droit à la liberté, à notre respect; nous verrons, bientôt aussi, si tu sauras gagner ta nourriture en te rendant utile à tes semblables. Je ne te commanderai que douze travaux; si tu réussis, tu jouiras de la liberté, du respect de tous et tes besoins seront assurés.

— Mais pour exécuter les travaux que vous me commanderez, il faut que je sois libre et que j'aie les matériaux nécessaires.

— Tu seras libre jusqu'à nouvel ordre et tu auras les matériaux nécessaires; mais si tu échoues, tu seras réduit en captivité et tu serviras à distraire notre curiosité; car toute créature doit servir à quelque chose, dans les desseins de la Providence. Pour retourner au palais, je vais te placer commodément dans mon oreille.

— Vous ne m'écraserez pas en y mettant le doigt ?

— Non, sois tranquille ; j'attache un très-grand prix à ton infime mais bien rare individu.

CHAPITRE III.

Premier travail d'Hercule Lambert. — Les Géants le reconnaissent pour un homme, mais n'en persistent pas moins dans leurs perfides projets.

On arriva sans encombre au palais. Nous n'en ferons pas la description ; on peut s'en faire une idée d'après ce qui précède. Sa Majesté (c'était le roi du pays), Sa Majesté Krikkrankkrok présenta sa trouvaille à la reine qui fut fort émerveillée au récit que son époux lui fit de l'aventure. Elle posa d'abord Hercule dans le creux de sa main, avec infiniment de précautions. Hercule, en garçon bien élevé, se mit à genoux, et de la main, lui adressa un baiser respectueux et lui fit comprendre qu'il était son dévoué serviteur... La reine Mirobolanta (c'était son nom), parut enchantée et lui sourit gracieusement, c'est-à-dire qu'il le supposa, car il ne vit rien qu'un gouffre qui s'ouvrit avec un rire tonitruant et se referma aussitôt.

— Majesté, dit-elle à son mari, votre insecte humain est fort gracieux ; donnez-moi cela... Je m'en amuserai beaucoup.

— Ma bien chère, dit le roi, j'ai eu l'honneur de vous expliquer que cet individu n'est pas un insecte, mais une sorte d'homme, qui m'a demandé la liberté au nom de Dieu.

— Ceci un homme ! allons donc ! vous plaisantez !

— Pas le moins du monde, et je le crois même d'une intelligence bien supérieure à la nôtre. Je puis vous en donner une preuve... Ordonnez-lui d'exécuter une de vos volontés, celle que vous jugerez la plus impossible... Vous m'obligerez, car vous avez beaucoup plus d'imagination que moi, et je tiendrais à conserver mon captif...

— J'y penserai, dit Mirobolanta... ceci est assez sérieux pour demander quelque réflexion; mais vous, Majesté, n'avez-vous pas une idée ?

— Oui, j'en ai une et c'est cet homoncule qui me l'a inspirée, vous allez voir !...

Prenant alors Hercule avec délicatesse, il le plaça loin de lui et murmura ces paroles :

— Tu m'as parlé d'un instrument qui grossit mille fois les objets en conservant toute la vérité de leurs traits. — Comment appelles-tu cet instrument?

— Un microscope.

— Fais-moi un microscope.

— Il me faut la liberté de mes mouvements et je suis exposé à mille dangers de la part de vos sujets.

— Quiconque, même par mégarde, te tuerait, serait puni de mort. Je vais faire savoir ma volonté dans tout l'empire.

Hercule sortit aisément du salon royal, car les géants n'habitent jamais que le rez-de-chaussée... il se promena longtemps plongé dans ses réflexions.

« Un microscope! un microscope... mais il faut que le tube ait au moins un mètre de circonférence ; où en trouver un convenable?

— Le voici, dit la voix, et la main puissante se mit aussitôt au travail.

— Et du silex bien pur? et de la potasse?

— Voilà !

— Et une table de fer concave pour étendre le silex liquéfié et lui donner la forme?

— Voilà, dit la voix, sans oublier le creuset!

Et la main puissante se chargea de couler le liquide, et de le transporter au four où il se refroidira graduellement.

En effet, le lendemain, le verre parfaitement refroidi, sous la forme d'une vaste lentille, fut poli sur un tour et devint transparent comme du cristal de roche malgré son épaisseur.

Hercule alors pensa à remplacer son tuyau de paille par un tuyau en caoutchouc. En peu d'instants la main puissante eut réalisé son désir, et il eut un tube acoustique, portatif et perfectionné.

« Ah! se dit-il alors, je comprends... la main puissante est à ma disposition, mais seulement pour exécuter les combinaisons de mon intelligence!... Mon travail, à moi, c'est de penser, et ce n'est pas peu de chose! mais je commence bien. — Courage!

Il alla aussitôt trouver Leurs Majestés Krikkrankkrok et Mirobolanta, et les engagea à venir faire l'expérience de l'instrument, en les suppliant de ne pas le laisser tomber, car ils le casseraient en mille pièces.

« Regardez-moi d'abord » dit-il au roi.

— Oh! s'écria celui-ci, est-il possible! Oui, oui, c'est un homme comme nous! même conformation, mêmes mouvements, mêmes traits! Qui l'aurait jamais cru? quelle merveille! »

La curiosité de Mirobolanta était piquée au vif : « A mon tour! s'écria-t-elle vivement, à mon tour! Et elle s'empara de l'instrument.

— Mais, oui, oui, c'est un homme comme nous! c'est-à-dire comme vous, reprit-elle en riant, et même il est bien plus joli garçon que vous, soit dit sans vous fâcher, cher sire; il faudra lui donner notre fille en mariage!

— Ta, ta, ta! reprit le roi, êtes-vous folle, madame! regardez donc votre gendre sans microscope! Et il lui ôta l'instrument.

— Quel dommage! soupira la reine, il aurait fait un si joli mari pour ma petite Parafaragarama! mais, c'est égal, c'est vraiment un homme!

— N'est-ce pas, sire, je suis un homme! vous l'avez avoué tous deux!

— Un moment! un moment! ceci peut être une illusion magique ou diabolique, ce qui serait à peu près la même chose! nos yeux peuvent nous tromper, c'est l'organe qui subit le plus aisément des illusions quelquefois extrêmement fantastiques...

— Ta! ta! ta! dit la reine à son tour en riant, et bien aise de rendre au roi plaisanterie pour plaisanterie, vous n'y connaissez rien... Cet individu microscopique est un homme, vous dis-je, et c'est grand dommage que...,

— La prudence veut que nous tentions plusieurs épreuves, et il en a accepté douze... n'est-il pas vrai, monsieur?

A CURIOSITÉ DE MIROBOLANTA ÉTAIT PIQUÉE AU VIF, . A MON TOUR ! S'ÉCRIA-T-ELLE VIVEMENT, A MON TOUR !

— Vous voyez bien, vous l'avez appelé monsieur, votre conviction secrète s'est révélée malgré vous.

— J'attends vos autres commandements, dit Hercule avec résignation.

— Ceci vous regarde, ma chère, dit le roi.

— J'y songerai, sire, à demain !

CHAPITRE IV.

Deuxième travail d'Hercule Lambert. — Comment et pourquoi il fit le portrait de la petite Princesse Parafaragarama.

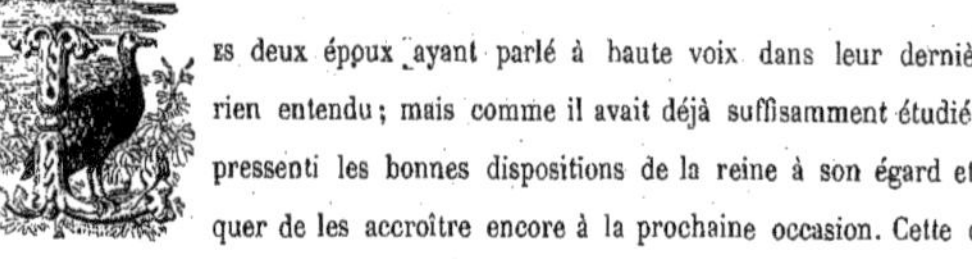

Les deux époux ayant parlé à haute voix dans leur dernière conversation, Hercule n'en avait rien entendu; mais comme il avait déjà suffisamment étudié les manières de ses maîtres, il avait pressenti les bonnes dispositions de la reine à son égard et s'était bien promis de ne pas manquer de les accroître encore à la prochaine occasion. Cette occasion ne tarda pas à se présenter.

La princesse Parafaragarama était venue au monde si délicate, si chétive, (elle n'avait guère plus de 5 mètres le jour de sa naissance), qu'elle avait, dès ce moment, donné de graves inquiétudes à ses tendres parents. Sa mère (le cœur des mères est le même chez toutes, qu'elles soient géantes ou naines), sa mère la chérissait d'autant plus vivement qu'elle se croyait plus en danger de la voir périr au berceau; aussi elle ne la quittait que bien rarement et pour peu de temps; elle la veillait elle-même dans ses fréquentes indispositions, et pour rien au monde n'eût consenti à la confier à des mains étrangères. Hercule était fort touché de ce dévouement maternel, d'autant plus que le royal Bébé était fort joli et paraissait d'un charmant caractère; il pouvait en juger, puisque Parafaragarama n'avait guère alors que 7 mètres, c'est-à-dire un peu plus de quatre fois la taille d'Hercule; elle le soulevait souvent d'une seule main jusqu'à elle comme nos enfants de cet âge soulèvent une petite poupée, mais toujours sans le blesser et le caressait fort gentiment; elle n'avait pas encore deux ans... et paraissait remarquablement intelligente pour son âge.

Le lendemain donc, la reine berçant la petite princesse dans ses bras, se promenait sur le bord de la pièce d'eau placée en perspective des fenêtres du château. Sa Majesté Mirobolanta paraissait triste, sa fille avait passé une mauvaise nuit... La mère se désolait... Elle songeait aussi à l'ordre que lui avait donné le roi, son mari, de chercher dans son esprit quelque chose d'impossible à exécuter afin de mettre Hercule dans l'embarras; mais outre que les géants ne brillent pas, à ce qu'on dit, par l'imagination, la reine ne tenait pas à nuire à l'homme microscopique, et trop préoccupée, d'ailleurs, du malaise de sa petite Parafaragarama, elle ne trouvait absolument aucune idée. Tout à coup l'enfant se prit à crier (elle faisait sa première dent) : « Là ! là ! mignonne, dit la mère en la dorlottant, ne pleure pas... ha ! ha ! ce n'est rien; » comme la petite continuait à crier, elle la pencha sur les eaux du bassin : « Là ! qui est ce donc là ! oh ! c'est la petite fille chérie à sa maman ! Tiens ! regarde... » L'enfant cessa de crier et la mère, alors contemplant avec une admiration passionnée l'image de sa fille ainsi reflétée dans l'onde calme et limpide... « Ah ! dit-elle, pourquoi ces eaux ne peuvent-elles conserver l'image de ma mignonne ! au moins alors, si elle venait à mourir, je ne la perdrais pas tout entière ! ah ! que je voudrais conserver l'image de mon enfant chérie !.. » Et une larme de la reine tombant dans le bassin, vient troubler l'image qui s'y reflétait... « Rêve impossible à réaliser, dit-elle en soupirant, comment conserver ce qui n'a pas de corps, ce qui est mobile comme l'onde et mille fois plus insaisissable ! Dieu seul pourrait accomplir un tel miracle. » Hercule, qui assistait de loin à cette scène, n'en perdait aucun détail, car il s'était fabriqué le contraire d'un microscope, c'est-à-dire une lorgnette qui faisait paraître les objets cent fois plus petits qu'en réalité; les géants le voyaient donc cent fois plus grand, et lui, grâce à sa lorgnette, les voyait cent fois plus petits ; en conséquence, ils commençaient à se familiariser les uns aux autres et se sentaient chaque jour davantage mutuellement disposés à se traiter sur le pied de l'égalité. Tant il est vrai que les distances et les différences les plus tranchées en apparence entre les hommes ne sont en réalité qu'une affaire de perspective, simple question de lorgnettes. « Ah ! pensait Hercule, pourquoi ai-je si mal profité des leçons de dessin de mes maîtres ! Je pourrais me concilier pour toujours les bonnes grâces de la reine en procurant à son cœur un de ces bonheurs qu'une mère n'oublie jamais ! mais, hélas ! il faut renoncer à cet espoir ! Oh ! qu'ils sont coupables et insensés les enfants qui négligent les occasions de s'instruire... allons, pour moi ce serait une entreprise impossible... »

Souviens-toi ! « lui dit tout à coup la voix mystérieuse, Hercule s'arrêta soudain, comme frappé d'une inspiration, puis il s'écria : « Oui ! oui ! c'est cela ! »

Alors il vint à la reine, tira un son retentissant du cor qu'il s'était procuré (nous avons oublié de mentionner ce détail), et qu'il portait toujours en sautoir, afin d'avertir Leurs Majestés quand il voulait leur parler ; la reine tourna les yeux de son côté et prit le tube acoustique qu'il lui présentait :

— Vous seriez heureuse, Majesté, de conserver une image ineffaçable de Son Altesse Royale la Princesse Parafaragarama.

VOUS SERIEZ HEUREUSE, MAJESTÉ, DE CONSERVER UNE IMAGE INEFFAÇABLE DE S.A.R. LA PRINCESSE PARAFARAGARAMA.

— Oh ! bien heureuse, s'écria la mère.

— Et vous accorderiez votre royale protection à celui qui vous ferait ce présent?

— Oui, envers et contre tous et toujours. Mais où saisiras-tu cette image; dans l'eau?

— A peu près.

— C'est un rêve.

— Demandez au roi qu'il me commande cette image; je la rendrai comme palpable et à jamais ineffaçable, et Votre Majesté verra si je suis un homme de parole...

— Sais-tu que la princesse ne reste pas une minute immobile, tant elle souffre.

— Il me suffira de trois secondes.

— C'est bien... compte sur moi, si tu réussis.

Elle fit appeler le roi et lui communiqua son désir.

— Ah! bien, très-bien, s'écria-t-il en se frottant les mains d'un air joyeux, c'est tout bonnement impossible! saisir une image flottante, une ombre et cela en trois secondes! il n'y avait que vous, ma chère épouse, pour trouver cela.

Dans l'intérêt de l'homme microscopique, Mirobolanta crut inutile d'avertir son mari, qu'elle n'avait point inventé cette idée, puisqu'elle venait d'Hercule lui-même.

— Allons, à l'œuvre, lui murmure le roi; à quand l'entreprise?

— A bientôt, dit Hercule en saluant pour se retirer.

— Il ne s'est pas même troublé, dit le roi qui le suivait, armé de son microscope.

— Oh! main puissante, s'écrie Hercule, me donneras-tu une chambre noire de la plus grande dimension possible relativement à ma taille ?

— Voici, dit la main mystérieuse.

— Me donneras-tu aussi du papier préparé, les acides nécessaires, une feuille de verre parfaitement pur?

— Voici.

— Grâces te soient rendues mille fois.

Alors il retourne vers Leurs Majestés, et donnant du cor, il leur fit signe de le suivre sur la pelouse en face du palais, où il avait installé l'instrument tel que nous l'avons représenté en gravures d'après les dessins de notre petit héros.

Toute la cour assistait en grande pompe à cette curieuse expérience, et l'incrédulité autant que l'étonnement était peinte sur bien des visages, quelques dames mêmes étaient à moitié rassurées par la vue de l'appareil dont elles ignoraient complétement l'usage. Hercule grimpa lestement à l'échelle qui conduisait à la chambre noire, dirigea l'instrument vers la jeune princesse, compta une, deux, trois, et couvrant l'appareil d'un voile : Maintenant, à demain, c'est fini ! s'écria-t-il radieux, en se tournant vers le roi et la reine qu'il salua avec courtoisie.

— Impossible, dit le roi, il se moque de nous, mais qu'il prenne garde à lui !

— Vous doutez trop vite, dit la reine, attendons ! A peine avait-elle dit ces mots qu'Hercule retira de l'objectif la feuille de verre et la leur montra.

— C'est elle ! c'est ma fille adorée, s'écria la reine armée du microscope, puis voulut saisir l'image... Hercule l'en empêcha et lui dit : Gardez-vous de toucher à cet objet, tout n'est pas prêt, demain vous l'aurez.

HERCULE GRIMPA LESTEMENT A L'ÉCHELLE QUI CONDUISAIT A LA CHAMBRE NOIRE.

Le roi prit le microscope à son tour : Oui, s'écria-t-il stupéfait, c'est bien la petite!... Hercule alors reprenant l'image allait la plonger dans le baquet d'eau préparé...

— Malheureux, s'écria la reine en l'arrêtant, vous allez l'effacer!

— Non, Majesté, je vais la fixer au contraire, permettez-donc... et il acheva l'opération.

— Cet homme est un démon, dit le roi.

— Si c'est un homme, ce n'est pas un démon, dit la reine.

— C'est juste, madame, mais si ce n'est pas un démon, cet homme est un sorcier.

— A moins que ce ne soit un génie, sire, s'écria la reine, heureuse déjà de se montrer reconnaissante en donnant à l'homme microscopique une haute importance dans l'esprit de son mari, afin de le lui rendre respectable.

— Possible aussi, dit le roi, vous avez toujours raison, ma chère.

— Remarquez, sire, que deux fois déjà votre conviction, à son égard, s'est trahie; vous l'avez appelé « *monsieur*, » puis « *cet homme*. »

— C'est la faute de ce satané microscope; c'est lui seul qui produit l'illusion.

— Dites donc qu'il rend la vérité évidente.

— Possible encore... cependant permettez à votre tour, madame, si c'est un génie, ce n'est pas un homme.

— C'est un homme de génie, voilà tout... c'est la même chose!

— Vous jouez sur les mots, reprit le roi embarrassé et ne sachant que répondre : nous savons déjà qu'il n'était pas doué d'un esprit proportionné à son corps... je crois que vous le protegez, parce qu'il a fait le portrait de votre fille!... je ne m'en rapporterai plus qu'à moi pour les dix autres épreuves qu'il lui reste à subir.

CHAPITRE V.

Troisième travail. — Comment Hercule Lambert vint à bout de tuer un Auroch gigantesque.

Le roi, agité par le dépit, dormit peu et passa la nuit à méditer quel serait le 3° travail qu'il commanderait à *l'homme microscopique*, *l'homme sorcier*, *le génie*, *l'homme de génie*, car il ne savait plus lequel de ces noms il devait lui donner, et l'aventure du microscope, celle de la photographie commençaient à brouiller singulièrement ses idées et à ébranler sa cervelle infiniment plus grosse que solide.

Il crut avoir enfin trouvé une chose impossible et se levant dès l'aube, content de lui-même, il chercha Hercule, le trouva et le prenant avec ses précautions habituelles, il le souleva à la hauteur de sa figure.

« QUE VOIS TU LÀ BAS DANS LA PLAINE ? »

« Que vois-tu là-bas dans la plaine, lui murmura-t-il en se détournant pour que son souffle ne le renversât pas, que vois-tu? »

— Une foule de collines dispersées çà et là.

— Regarde mieux. — Ces collines sont-elles immobiles?

— Non : elles se meuvent.

— Ce ne sont donc pas des collines...

— Non, ce sont des animaux gigantesques...

— Gigantesques et infiniment gigantesques pour toi... mais non pour nous;... c'est un troupeau de bœufs appartenant à la ferme du château.

— De bien belles bêtes! dit Hercule, et il ne put s'empêcher de penser au succès étourdissant qu'une de ces bêtes obtiendrait à Paris dans le rôle du bœuf gras!...

— Tu railles dit le roi,... mais tu vas cesser de rire... Aujourd'hui même je veux que tu me tues un de ces bœufs.

Hercule, en effet, ne riait plus. Krikkrankkrokk le posa par terre avec les plus grandes précautions et se retira d'un pas triomphant; à distance, il regarda Hercule au microscope et le vit la bouche béante, les bras ballants, le regard morne, dans la contenance enfin d'un homme frappé d'une complète stupeur... « Ah! ah! dit-il en riant, tire-toi de là, *homme de génie;* en face d'un de nos aurochs, tu n'es qu'un moucheron. »

« Oh! cette fois, pensait Hercule, je suis perdu! perdu sans espoir;... comment attaquer cette masse énorme! un canon rayé même ne lui ferait que de légères blessures! décidément je suis perdu! » Il allait s'abandonner au désespoir :

— Souviens-toi, lui dit la voix mystérieuse.

Aussitôt le courage lui revint.

« Quelle force pourrais-je donc mettre à ma disposition pour frapper et tuer ce *bœuf-colline?*... Je n'en vois aucune,... il faudrait disposer du tonnerre;... mais j'y songe,... le tonnerre?... Eh! bien, oui, je le produirai, je le dirigerai à mon gré, il sera dans ma main comme une arme irrésistible, docile et sûre! Oh! main puissante, ne m'abandonne pas! voyons!... souvenons-nous!... Il me faudrait d'abord mille bouteilles de Leyde de grande dimension...

— Les voici, dit la voix mystérieuse.

Une machine électrique colossale à roues de verre, mille tiges conductrices aboutissant à deux points pour former les deux armatures.

— Ton désir est accompli. — A chacune des armatures, Hercule attacha une chaînette en fer, il accumula dans les bouteilles de Leyde le fluide électrique au moyen de la machine en en tournant vivement la roue, puis saisissant avec une longue pince de verre l'extrémité de l'autre chaînette, il la lança sur l'animal... Une vive et large étincelle, semblable à un éclair, se produisit avec une forte détonation, l'animal poussa un rugissement épouvantable, bondit sur lui-même, puis retomba immobile... Il était foudroyé!...

Hercule alla aussitôt trouver le roi, et ne lui dit que ces mots. « Sire, j'ai obéi à Votre Majesté. » La Majesté géante fit un bond presque aussi convulsif que le *bœuf-colline.* « Impossible! » dit-il d'une voix étranglée.

— L'impossible réalisé n'est plus l'impossible, répliqua la reine.

— C'est juste, dit le roi avec qui la reine avait toujours aisément le dernier mot, « mais allons voir! »

MORT ! IL EST BIEN MORT ! MAIS IL N'A AUCUNE BLESSURE, COMMENT DONC L'AS TU TUÉ !

La reine prit Hercule gracieusement dans sa main et le porta ainsi jusqu'à l'endroit où gisait le bœuf.

— Mort! il est bien mort! mais il n'a aucune blessure, comment donc l'as-tu tué?

— Je l'ai foudroyé, sire.

— Le tonnerre t'obéirait!

— Je l'appelle et il vient! je dirige ses coups où je veux... vous le voyez...

— Effrayant! Tu pourrais donc aussi me foudroyer, si tu le voulais!

— Oui, sire...

« Dieu défend aux hommes de tuer leurs semblables, » s'écria le roi effrayé!

— Oui, sire! et il leur défend aussi de les réduire en esclavage et en captivité.

« Bien dit! » exclama la reine; puis se tournant vers son mari : — « C'est la troisième fois, sire, que votre conscience se trahit malgré vous. »

— Taisez-vous, madame! s'écria le roi fâché tout rouge, il a encore neuf épreuves à subir!

— Dieu aidant, je suis prêt à obéir à Votre Majesté, répondit Hercule.

Krikkrankkrokk se retira de très-méchante humeur chez lui et passa une nuit fort agitée.

CHAPITRE VI.

Quatrième travail d'Hercule Lambert. — Comment il transporta le bœuf-Colline dans la cour du château.

De grand matin se voyant décidément réduit à sa seule imagination, et ne se sentant que médiocrement pourvu de ce côté, le roi fit appeler son premier ministre Pyramidalo, personnage d'assez grotesque apparence dont le plus grand mérite était de calquer ses idées sur celles de son maître. Le roi fit asseoir Pyramidalo qui ne se le fit pas dire deux fois; car ses grêles jambes avaient peine à soutenir son corps énorme et sa tête prodigieuse, malheureusement plus pleine d'orgueil et de sottise que d'esprit, puis Sa Majesté exposa ainsi son embarras à Son Excellence le premier ministre, « qu'un homme tue un animal, si gigantesque qu'il soit, ceci n'a rien de fort extraordinaire, cher ministre. »

— C'est exactement ma manière de voir, sire, reprit Pyramidalo : en effet, si la vie est un phénomène inexplicable, mais naturel, la mort n'est pas moins naturelle, puisqu'elle est la conséquence inévitable de la vie...

— C'est ce que je pensais, interrompit le roi.

— Suivez bien mon raisonnement, sire...

— J'écoute, cher Pyramidalo, je suis tout oreilles.

— Nous savons tous qu'un accident minime peut produire la mort...

— Bien raisonné.

— Donc ce n'était pas une chose fort difficile à l'homme microscopique de tuer un de nos bœufs, puisqu'un moucheron peut triompher d'un lion, animal bien plus fort qu'un bœuf.

— Parfait,... après.

— Mais un moucheron ne transporterait pas un lion. — Commandez à l'homme microscopique de transporter le bœuf au château, s'écria Pyramidalo fier de son idée lumineuse et manisfestant par les plus affreuses grimaces et les contorsions les plus risibles, sa joie de triompher de notre pauvre Hercule qu'il détestait et qu'il eut volontiers écrasé comme un insecte. — Mais comme tous les gens peu intelligents il était poltron et redoutait surtout le courroux de la reine qui avait pris notre héros en affection et avait prévenu Pyramidalo qu'elle le condamnerait au dernier supplice s'il enlevait un seul cheveu de la tête du petit Hercule. Jugez si notre ministre était circonspect, et s'il redoutait le châtiment, le pauvre homme!

— Très-bien, oh! très-bien! s'écria le roi ravi, vous êtes toujours la lumière de mon empire, sage Pyramidalo, cette fois, je tiens mon homme!

Il prit aussitôt son microscope et chercha Hercule; l'ayant vu, il lui commanda de transporter le bœuf au château.

« Oh ! oh ! pensa Hercule, cela va de plus fort en plus fort et ceci est vraiment et tout simplement impos...

— Souviens-toi ! cria la voix, en l'interrompant d'un accent mécontent, avant qu'il n'eut achevé le dernier mot...

« Que je me souvienne, se dit Hercule... oui; au fait, je me rappelle le transport et l'érection de l'obélisque de Louqsor que mon père m'a racontés dans mon enfance,... oui ! mais l'obélisque de Louqsor n'était qu'un joujou, une plume à côté de ce bœuf-colline ! Cependant n'ai-je pas entendu dire qu'il avait même été question de transporter d'un seul bloc la tour Saint-Jacques et que les ingénieurs ne reculaient pas devant cette œuvre... Mon bœuf ne doit guère peser beaucoup plus que la tour Saint-Jacques;... d'ailleurs, si la force de résistance est décuple, ne puis-je pas décupler la force d'action ? A moi, main puissante ! — vingt grues colossales à l'entour de ce bœuf ! — cinq tranchées ouvertes par dessous ! — avec la mine ! — cinq cents arbres abattus, dégrossis, équarris, débités en planches à la mécanique — un plancher en pente douce jusqu'au château — cent cabestans et dix machines à vapeur au sommet, — cinq chaînes de fer dix fois redoublées — une machine à vapeur sous chaque grue — passez les chaînes par dessous le bœuf — soufflez vapeurs, jouez cabestans ! avance ma colline !

La main puissante avait exécuté ponctuellement chaque ordre et le bœuf arriva par la grande porte dans la cour du château.

Le roi regardait s'avancer cette masse énorme avec un ébahissement d'autant plus grand qu'il ne voyait personne y mettre la main.

— Eh ! bien, sire, lui dit la reine en raillant, voici votre bœuf qui vient tout seul ! Le sage Pyramidalo n'a pas été plus avisé que nous !

Hercule vint à son tour : « Eh! bien, sire, lui dit-il, suis-je un homme? »

— Tu es le diable! s'écria le roi, mais je n'en aurai pas le démenti, tu as encore huit épreuves à subir et nous allons voir un peu!

Il va m'ordonner de manger son bœuf entier à moi tout seul en un jour! pensa le pauvre Hercule; puis, afin de détourner l'esprit du roi de cette idée, qui cette fois eut été vraiment d'une réalisation impossible : « Vous le ferai-je cuire, sire, et le servirai-je rôti à Votre Majesté, dit-il. »

« Oui, raille encore, répondit celui-ci, — tu serais bien heureux si je te commandais de le faire rôtir et de me le servir; après ce que tu viens d'exécuter ce ne serait qu'un jeu d'enfant!... Non! non! mieux que cela!

Voudrait-il m'ordonner de ressusciter son bœuf, pensa Hercule terrifié à cette pensée; heureusement le roi n'eut aucune de ces idées. — « Dans une heure, lui dit-il, nous verrons! » Il se retira et fit aussitôt appeler le sage Pyramidalo.

CHAPITRE VII

Cinquième travail d'Hercule Lambert. — Comment en quelques secondes il transmet les ordres du roi à son médecin à une distance considérable.

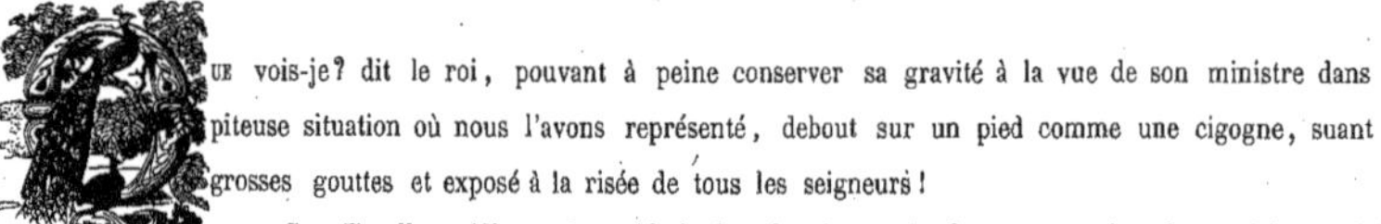

« Que vois-je? dit le roi, pouvant à peine conserver sa gravité à la vue de son ministre dans la piteuse situation où nous l'avons représenté, debout sur un pied comme une cigogne, suant à grosses gouttes et exposé à la risée de tous les seigneurs !

— Son Excellence l'a voulu, s'écria le plus jeune de la troupe; c'est la punition qu'elle s'est imposée, si l'Insecte réussissait à faire mouvoir l'auroch mort, et Dieu sait si nous l'avons vu s'avancer.

— Pyramidalo, je vous relève de faction, dit le roi, mais une autre fois soyez plus circonspect. » Puis, quand il fut seul avec son conseiller intime : « Nous avons échoué, mon cher, vous m'aviez pourtant bien dit que les résistances de pesanteur étaient insurmontables.

— Oui, sire, mais j'ai ajouté, à moins que pour les vaincre on ne trouve des forces d'action qui leur soient supérieures;... vous comprenez, sire...

— Parbleu! dit le roi qui par amour-propre n'osa pas avouer qu'il ne comprenait rien au raisonnement passablement amphigourique de son ministre favori; quoi qu'il en soit, reprit-il, il faudrait trouver autre chose qui fût plus certain;... avez-vous une idée?

— Comment une idée! mais, au besoin, j'en aurais une par jour et même une par heure!...

— N'en ayez qu'une seule et qu'elle soit bonne, dit le roi impatienté.

— Voilà! sire, voilà! je serais donc d'avis qu'immédiatement on rassemblât le conseil des ministres,... sept ou huit hommes ont toujours plus d'esprit qu'un seul...

— Ce n'est pas une idée cela! ah! si la reine voulait!... Elle a plus d'esprit à elle toute seule que nous tous ensemble, mais elle aime son ciron et le protége, elle prétend que c'est un homme...

— Hum! hum! fit Pyramidalo.

— Plaît-il! interrompit le roi, est-ce que vous oseriez vous permettre d'être d'un avis différent du mien!

— Dieu m'en garde, sire, je toussais!... s'écria le ministre tremblant! Votre Majesté peut-elle douter de ma respectueuse obéissance!

— C'est bien, mais ne toussez plus aussi malencontreusement.

A ce moment, pâle, les traits bouleversés, la reine se précipita dans la chambre du conseil. « Sire, s'écria-t-elle, la princesse est fort mal! et votre médecin, retiré dans son laboratoire du nord, ne peut être averti avant deux heures;... ma pauvre enfant a le temps de mourir dix fois avant qu'il n'arrive; c'est affreux!

— Prenez l'un de ses remplaçants,... nous n'en manquons pas.

— La confiance ne se commande pas, sire, aucun d'eux n'a la mienne!

— Cela est très-fâcheux!

Une dame d'honneur survint annonçant à la reine que la princesse allait beaucoup mieux.

— Dieu soit loué! s'écria la mère, toutefois je ne veux plus que pareille chose se renouvelle, votre médecin restera désormais toujours au palais!

— Mais c'est en faire un esclave, madame!

— Payez-le en conséquence.

— Il n'acceptera pour aucun prix une pareille servitude.

— Arrangez-vous, sire, comme vous l'entendrez, mais il faut que cela soit ainsi!

— Sire, s'écria tout à coup Pyramidalo, vous demandez une idée, en voici une! suivez bien mon raisonnement... on ne supprime pas les distances, n'est-ce pas, 1,000 kilomètres quoiqu'on fasse, sont et demeureront toujours 1,000 kilomètres,... il n'y a pas de puissance qui puisse empêcher qu'il n'en soit ainsi;... ordonnez à l'homme microscopique...

— Très-bien! ah! parfait! j'y suis... Pyramidalo, vous êtes un grand homme, je vous rends mon estime.

— Quelque nouveau complot contre mon protégé! s'écria la reine.

— Ceci ne sera rien pour un génie.

On chercha, on trouva Hercule.

— Vois-tu ce château à 1,000 kilomètres, lui dit Sa Majesté Krikkrankkrokk.

— Supposez que je le voie, sire... eh bien !

— Là demeure mon médecin, — la reine voudrait pouvoir l'avertir à sa volonté, en une minute, quand elle a besoin de lui ! Je t'ordonne de faire en sorte qu'elle puisse l'avertir ainsi quand elle le voudra.

— Il n'est rien, sire, que je ne fasse pour plaire à la reine et pour obéir à Votre Majesté ; demain j'aurai réalisé vos vœux.

— En êtes-vous sûr ! lui dit Mirobolanta inquiète.

— Très-sûr, madame... soyez mille fois bénie de votre bonté.

— Tiens ! dit le roi, je parie que vous vous êtes encore trompé, Pyramidalo. Je parie la première dent de ma fille contre votre dernière dent.

— Mais, sire, cela est impossible ! puisque Votre Majesté m'a fait l'honneur insigne d'être de mon avis.

— C'est vrai, lui dit le roi, je saurai me taire une autre fois !...

— Main puissante, à moi ! s'écria Hercule.

— Me voici, dit la voix mystérieuse.

— Trois mille poteaux, s'il vous plaît, d'ici au château du médecin ; — trois mille isoloirs en verre ! un énorme fil conducteur d'ici au palais, une forte cloche, un bourdon même à l'autre extrémité chez le médecin ; ici une pile voltaïque colossale en communication avec le fil, que la pile soit accompagnée d'un multiplicateur décuple.

— C'est fait.

— Merci, mille fois, main puissante. — Maintenant, madame, tournez ce bouton, et vous, sire, pendant ce temps, regardez ce qui va se passer au château de votre médecin ! Tournez le bouton, madame ! s'il vous plaît.

— Ah ! mon Dieu, s'écria le roi, voyez donc, Pyramidalo, le docteur Sangradissimo ouvre une de ses fenêtres ; il regarde d'un air tout effaré. Faites-lui signe de venir... Ah ! c'est cela ! il a compris... il va venir ! C'est vraiment très-commode ! très-commode, Pyramidalo ;... vous n'auriez pas inventé cela, vous, avec toute votre science. Aussi après la douzième épreuve, notre prisonnier sera libre et chargé d'honneurs, je le jure ; il deviendra le président de mon Conseil ; n'est-ce pas, Pyramidalo?

— Certainement, sire, répondit celui-ci avec une grimace que nous renonçons à peindre ; puis tout bas : « Mais je saurai bien l'arrêter en chemin !... »

Dès lors la haine de Pyramidalo contre Hercule grandit de cent coudées.

La reine, cependant, remercia son protégé avec effusion et lui permit d'embrasser le petit doigt de la princesse.

— Ah ! quel dommage, lui dit-elle, que votre taille ne s'élève pas seulement à quarante mètres ! vous seriez mon gendre !

— Ah ! madame, s'écria Hercule effrayé, gardez-vous d'exprimer ce désir devant le roi !

— Vous ne pourriez donc pas vous donner quarante mètres de haut !

— Hélas ! madame, je ne le pourrais pas ; je compte assez sur la bonté de Votre Majesté pour oser lui faire cet aveu qui peut me perdre !

— Soyez tranquille ; je vous ai trop d'obligations pour vous trahir.

LA REINE PERMIT A SON PROTÉGÉ D'EMBRASSER LE PETIT DOIGT DE LA PRINCESSE.

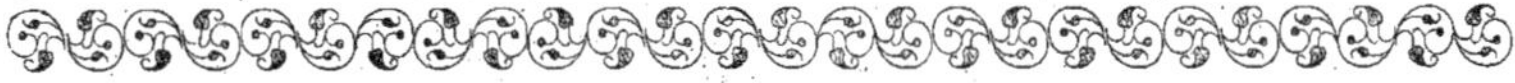

CHAPITRE VIII.

Sixième travail d'Hercule Lambert. — Comment en un jour il va chercher, avec la rapidité d'un oiseau, pour la petite Princesse, un bijou oublié à 800 kilomètres du château.

E jour suivant, la reine eut un entretien secret avec Hercule :

— Je voudrais servir vos intérêts, lui dit-elle, le roi m'écouterait peut-être assez peu; mais il aime sa fille tendrement, quoiqu'il croie indigne de Sa Majesté de laisser paraître sa tendresse, qu'il nomme une faiblesse. Par le moyen de la princesse, je pourrais peut-être suggérer à son père de vous donner quelques ordres d'une facile exécution pour vous; songez-y.

Hercule réfléchit un moment, puis il parla ainsi :

— « Grande reine (il était sûr de ne pas se tromper en débutant par ces mots!) et, se reprenant; car la reine n'avait pu s'empêcher de sourire : « Bonne, excellente reine, dit-il.

A ces mots, la reine cessa de sourire; elle prit même un air très-sérieux. « Croyez-vous sincèrement ce que vous venez de dire? demanda-t-elle à Hercule.

— Oui, madame, très-sincèrement, répliqua vivement Hercule.

— Eh! bien, vous me faites un vrai plaisir, et je me sens très-fière de votre appréciation.

Quelle vertu secrète, intime et toute-puissante en Hercule contraignait déjà cette reine géante à s'incliner en quelque sorte devant lui? quelle vertu intime? la supériorité de l'intelligence... seule supériorité, après celle de la vertu, devant laquelle tous les hommes s'inclinent sans que leur orgueil en souffre, parce qu'elle est comme une révélation manifeste du choix de Dieu et qu'en l'homme supérieur par son intelligence et sa vertu, les autres hommes respectent la volonté, le choix de Dieu!

Combien donc sont coupables envers Dieu ceux qui refusent de cultiver leur intelligence, de l'élever au niveau qu'elle doit atteindre, et par leur paresse font obstacle aux volontés providentielles!

Notre Hercule, heureusement pour lui, avait, on l'a vu, horreur de la paresse; au lieu de profiter des bontés de la reine pour se donner de doux loisirs, il résolut de ne rien faire qui fût au-dessous de ce qu'il avait déjà fait. — « Dieu, se dit-il, qui m'a protégé dans des entreprises si fort au-dessus de mes forces, veut sans doute que j'avance dans la voie qu'il m'a ouverte et j'y avancerai. Avec son aide, j'ai vaincu la puissance inerte des pesanteurs presque incalculables, j'ai saisi et fixé l'ombre insaisissable et flottante, j'ai réduit la foudre à n'être plus que mon esclave obéissante, j'ai fait apparaître aux yeux dans leur vérité mille fois agrandie les êtres qui leur échappaient complétement par leur imperceptibilité, j'ai rendu manifestes à l'oreille des bruits qu'elle n'aurait pu percevoir avant moi, j'ai triomphé de l'espace en le supprimant; évidemment Dieu m'a soumis la matière sous toutes ses formes, il permet, que dis-je, il veut que je la broie pour en appliquer à mon usage toutes les ressources innombrables et secrètes qu'elle recèle en sa profonde et opulente inertie, Dieu m'ordonne de l'assouplir, de la pétrir, de la dompter, de l'animer, de lui communiquer enfin comme un reflet de cette âme qu'il m'a donnée à moi-même; il le veut pour sa gloire, afin que voyant ces merveilles accomplies par sa propre intelligence, l'homme conçoive une idée de la toute-puissance de l'intelligence infinie d'où la sienne a tiré son origine. Je dois supprimer en quelque sorte pour mon corps les distances comme je les ai supprimées pour ma pensée, allons! et que Dieu daigne se donner en moi cette nouvelle victoire! »

« Madame, dit-il à la reine, après l'avoir remerciée respectueusement, obtenez du roi qu'il m'envoie chercher quelque chose fort loin et qu'il me commande d'aller et de revenir plus vite que l'oiseau le plus rapide.

— Comment, dit la reine étonnée, tel est votre désir! Cette entreprise dépasse toutes les autres!...

— Dieu aidant, j'espère la mener à bonne fin, répondit modestement Hercule.

— Il sera donc fait comme vous le désirez, cher et microscopique serviteur.

Aussitôt elle alla trouver la petite princesse : celle-ci pleurait à son arrivée. — « Qu'as-tu, ma mignonne, lui dit sa mère; on t'a contrariée, j'en suis sûre, on lui a refusé quelque chose à cette enfant, tu as demandé ton hochet de diamant, n'est-ce pas? Pourquoi le lui a-t-on refusé? »

« Oui, nà, je veux mon hochet de diamant, » s'écria l'enfant qui ne savait pas en réalité ce qu'elle voulait, ainsi qu'il arrive à tous les enfants gâtés, et qui saisit la première idée que lui offrît sa mère; la petite s'imagina aussitôt qu'en effet on lui avait refusé le hochet de diamant et que ce hochet allait faire son bonheur! « Je veux mon hochet de diamant, nà! hi! hi! hi! mon hochet de diamant! » Ses cris retentirent jusqu'à la chambre du roi; il accourut aussitôt. « Qu'est-ce que c'est, s'écria-t-il de loin, on tourmente cette enfant! — « Je veux mon hochet de diamant, nà! hi! hi! hi! reprit l'enfant gâté en voyant son père accourir à ses cris. — Donnez-lui donc ce qu'elle demande, dit le père, est-ce la peine de la faire pleurer pour si peu de chose!

— Mais, sire, reprit Mirobolanta, dissimulant la joie qu'elle éprouvait du succès de sa petite ruse, ce hochet n'est pas ici; il est au Château des Joujoux!

— Ah! dit le roi, mais il faut vingt-quatre heures pour y aller et en revenir; d'ici là elle aura oublié ce caprice.

— Je veux mon hochet de diamant, nà! hi! hi! hi!

— Qu'on lui en donne bien vite un autre!

— Non! je veux celui-là! hi! hi! hi!

— Cette petite va se rendre malade à force de crier,... dit le roi bien contrarié.

— Mais, sire, j'y pense, si vous commandiez à l'homme microscopique d'aller chercher cet objet...

— Beau travail! Non vraiment! j'ai mieux que cela à lui ordonner.

— Mais si vous lui ordonniez d'y aller et d'en revenir aussi vite que l'oiseau le plus rapide.

— Mais... ah!... mais!... comme cela... en effet. Je vais consulter Pyramidalo.

Le roi se méfiait toujours de la bienveillance de la reine envers son favori.

— Parfait, sire, parfait! s'écria le conseiller aux premiers mots du roi... La reine a bien changé de sentiments à l'égard de son homme de génie, elle ne pouvait rien lui commander de plus difficile! Car, suivez bien mon raisonnement, sire... On comprend bien que la lumière traverse l'espace avec la rapidité d'un éclair...

— L'éclair n'est donc pas de la lumière, Pyramidalo? Savez-vous que vous devenez vieux, mon cher?

— Votre Majesté plaisante toujours agréablement, Sire! reprit le ministre avec un sourire contraint, mais suivez bien mon raisonnement...

— Vous m'ennuyez cette fois! lui dit tout crûment le bon roi; vous dites donc que la chose est impossible!

— Ah! je n'ose plus me servir de ce mot, sire, je dis difficile, bien difficile, car si petit que soit votre homme de génie, il n'est pas impondérable comme la lumière, il n'est pas dilatable comme l'air, en conséquence...

— Très-bien, faites-moi grâce des conséquences.

Le roi prit son microscope, chercha Hercule et l'ayant vu, l'appela.

— En allant toujours en droite ligne vers le plein nord, lui dit-il, tu verras un château, c'est celui où sont renfermés les joujoux précieux des enfants de ma dynastie, il est situé au milieu d'une île, tu te feras donner le hochet de diamant... va et reviens avec la rapidité d'un oiseau.

— J'irai, Sire.

— Qu'a-t-il répondu, Majesté, dit curieusement Pyramidalo qui ne pouvait entendre la voix d'Hercule, n'ayant pas son tuyau acoustique à l'oreille.

— Il a répondu ce que vous ne répondriez pas, mon *vieux* ministre.

Pyramidalo fit une laide grimace au mot vieux, décidément murmura-t-il, il y tient.

— Il a répondu : « J'irai Sire! »

— Votre Majesté doute du dévouement de son plus fidèle serviteur!

— Non, vraiment! eh! bien allez au château des Joujoux et revenez en plus vite qu'un oiseau.

— Oh! Sire! je ne suis pas un génie, moi!

— Ni même un homme de génie, murmura le roi en se détournant pour cacher un malin sourire... « qui se serait attendu à trouver de la malice chez un homme de cinquante mètres de haut! mais il faut s'attendre à tout, même dans le monde des géants.

— Oh! main puissante, oserai-je encore compter sur toi! disait Hercule, sorti du palais.

— Toujours, tant que tu te souviendras!

— Oh! je me souviens!... des nivellements partout, des déblais, des remblais, des poutres transversales, des viaducs, des montagnes percées à jour, des ponts solides sur les fleuves... du fer partout! La terre, le bois, le fer, le cuivre, la pierre, prenant toutes les formes! et puis sur tout cela un monstre de fer et de cuivre, haletant avec des yeux de flammes, des entrailles de fer au sein desquelles l'eau bout incessamment pour produire, pour concentrer la vapeur qui s'échappe alors avec la force du canon, et va frapper sur des pistons dont les tiges articulées en forme de bras s'attachent aux manivelles qui font tourner les roues avec la rapidité de l'éclair! cris, mugissements, grincements, retentissements sourds et prolongés, allez! vapeur, sifflez! hurlez! rugissez! va! ma locomotive de fer, dévore l'espace, devance l'oiseau! précède le vent! supprime la distance! nous voici! nous voici! Dieu soit loué!

Il mit pied à terre, sonna du cor, montra son tuyau acoustique au gouverneur en lui disant par geste comment il fallait s'en servir, comment il fallait qu'il baissât le diapason de sa voix pour être entendu.

La consternation du gouverneur ne peut se peindre; il restait immobile et muet.... Tout à coup, il sembla prendre

LE DOCTEUR SANGRADISSIMO OUVRE UNE DE SES FENÊTRES, IL REGARDE D'UN AIR TOUT EFFARÉ !

un parti, et soulevant délicatement Hercule, il le transporta dans l'intérieur du palais des Joujoux, en lui murmurant ce mot à l'oreille : « Regarde et choisis ! » Bien qu'Hercule fût extrêmement pressé de revenir près du roi, le spectacle qui frappa ses yeux le cloua d'abord à sa place. Il y avait là, rangés sur plusieurs rangs de hauteur dans des cases, des bébés de deux et trois mètres, revêtus des costumes les plus excentriques. Le gardien du château prit le plus joli de ces bébés et le présentant à Hercule : « Voici, dit-il, le roi des bébés ; il marche tout seul et parle bien, vois plutôt ; » il le mit à terre et le bébé vint, en effet, se jeter dans les bras d'Hercule avec un véritable geste d'abandon, et des mouvements d'yeux et de lèvres fort drôles. « Prends-moi, dit-il, porte-moi, je suis fatigué ! — Grand merci ! dit Hercule en faisant un pas en arrière, tu es un peu trop lourd pour moi ! » Le gardien touche un ressort sur la poitrine du bébé. — Arlequin ! dit celui-ci. — Le gardien prit un charmant arlequin et le plaça devant le bébé qu'il toucha encore. — Danse ! dit le bébé. — Le gardien fit mouvoir un ressort et l'arlequin dansa, mais avec une légèreté, une grâce, une vivacité inouïes et qui charmèrent Hercule. — Assez ! dit le roi des bébés, et Arlequin s'arrêta tout court ; — ma voiture ! ajouta le bébé, mon escorte ! Le gardien apporta une magnifique voiture conduite à la Domont, puis douze gardes à cheval qu'il plaça des deux côtés et au-devant de la voiture, il y plaça le roi des bébés, qui s'assit avec une gravité risible : « Allez ! dit-il. » Aussitôt la voiture et l'escorte partirent au galop ; craignant d'être écrasé, Hercule se sauva dans la salle voisine ; c'était celle des joujoux musicaux, trompettes, tambours, accordéons, violons, trombones, fifres, flageolets ; une foule d'enfants y faisaient un vacarme dont rien ne saurait donner une idée, Hercule s'enfuit bien vite dans la galerie voisine ; là des enfants jouaient à la balle, au ballon, à la toupie, au volant, les toupies ronflantes passaient à côté de lui avec le bruit assourdissant du tonnerre ; tout à coup, il parut amusant à l'un de ces enfants de le prendre pour un volant et de l'envoyer à son vis-à-vis, qui le lui renvoya avec la plus grande facilité; voilà donc le pauvre Hercule allant et venant en l'air, d'une des raquettes à l'autre au risque de se briser les os, si l'un de ces enfants eût manqué son coup. Heureusement le gardien accourut mettre un terme à ce jeu d'espèce nouvelle; Hercule tout tremblant le pria de le porter dehors. — Quoi! lui dit le géant, vous ne voulez pas voir les autres galeries, celles des jeux de patience, des bilboquets, des sabres de fer blanc, des pistolets-canonnières? etc. — Y songez-vous? une de leurs balles de liége me tuerait sur le coup! — Ils sont très-mal élevés, vos enfants!... — Le sont-ils mieux chez vous? Hercule rougit en se rappelant toutes les sottises qu'il commettait dans ses jeux, pendant son enfance... « D'ailleurs, dit-il, le temps me presse; donnez-moi le hochet de diamant, il faut que je parte sans retard! » Ici le gardien du château des Joujoux parut fort embarrassé;... il parla deux minutes au messager, et celui-ci repartit mais sans emporter le hochet de diamant auquel il était arrivé un grand malheur comme on le verra dans le chapitre suivant.

CHAPITRE IX.

Septième travail d'Hercule Lambert. — Comment il alla chercher, au fond de la mer, le hochet de diamant de l'Infante Parafaragarama, et ce qui advint à la suite de ce travail.

De retour au palais, Hercule se présenta inopinément aux yeux du roi. « Déjà! s'écria celui-ci! » — Quoi! déjà? » répéta Pyramidalo. — Ah! déjà! murmura la reine avec satisfaction. — Tu as été plus vite qu'un oiseau, reprit le roi, — plus vite qu'un oiseau, redit comme un écho la voix du ministre. — Oui, certes, plus vite qu'un oiseau! ajouta la reine en appuyant. — Et le hochet! — Oui le hochet! dit le roi. — Au fait, et le hochet! cria le conseiller.

— Sire, le gouverneur n'a pu me le remettre.

— Et pourquoi?

— Parce qu'en le rapportant au château des Joujoux, celui qui portait le hochet s'est pris de querelle avec le secrétaire du gouverneur et, dans un accès de colère, votre envoyé a jeté le hochet à la mer.

— Ah!... et quelle punition lui a infligée le gouverneur?

— Il le tient en prison, en attendant les ordres de Votre Majesté.

— Il sera pendu!

— Sire, interrompit la reine toujours portée à la clémence, il faut voir, interroger,... d'ailleurs la mort de cet homme ne nous rendra pas ce hochet...

— C'est juste! mais il est trop coupable pour ne pas être puni.

— Un simple mouvement de vivacité,... Sire!

— Oui-dà! un simple mouvement de vivacité, qui nous prive d'un bijou si rare, précieusement conservé dans le trésor de mes ancêtres depuis l'origine de ma dynastie.

— Peut-être pourrait-on le retrouver!

— Vraiment! au fond de la mer!

— Mais si on le retrouvait, Sire? feriez-vous grâce au coupable?

— Oui, si on retrouvait le bijou! Je ne risque rien à faire cette promesse, n'est-ce pas Pyramidalo?

— Vous ne risquez rien, Sire.

La reine adressa alors un signe à Hercule et celui-ci répondit par un signe affirmatif, saisissant avec empressement l'occasion de sauver une créature humaine coupable, il est vrai, mais par un mouvement irréfléchi.

— Eh! bien, Sire, dit Mirobolanta, que ne commandez vous à votre puissant génie d'aller chercher le bijou au fond de la mer?

Le roi se tourna vers son conseiller comme pour lui demander son avis. — Admirable, Sire! admirable! je n'aurais trouvé mieux, moi, Pyramidalo!

LA CONSTERNATION DU GOUVERNEUR NE PEUT SE PEINDRE.

— Vous n'auriez même pas trouvé si bien, mon cher ministre, soit dit sans vous flatter... Ainsi, vous approuvez ?

— Certes ! l'homme-mouche doit succomber à cette épreuve. En effet, jusqu'à présent, il a subi des épreuves assez difficiles, mais toujours dans un milieu respirable... Or, quelle créature autre qu'un poisson peut vivre sous l'eau ? Suivez bien...

— Votre raisonnement? C'est inutile, il n'est pas besoin de longs raisonnements pour démontrer qu'un homme ne peut vivre sans respirer; or, sous l'eau, nul homme ne peut respirer, est-ce cela Pyramidalo ?

— A merveille, sire !

— Donc, mon petit homme, tu vas repartir avec la même rapidité ; tu plongeras au fond de la mer et tu ne remonteras qu'après avoir retrouvé le hochet de ma fille. C'est entendu ?

— Bien entendu, sire !

— Donc, bon voyage et bon retour, si tu rapportes le hochet, sinon... Je ne te dis que cela !

Hercule chauffa la locomotive, renouvela l'eau, et le cheval de fer et de feu va, va comme une flèche, laissant derrière lui collines, montagnes, châteaux, forêts, villages ! il arrive ; il est arrivé !

— A moi ! main puissante ! s'écria vivement Hercule, je t'invoque hardiment, car il s'agit de sauver la vie à un homme ! et tu ne m'abandonneras pas dans cette sainte entreprise ! Je le sens, je le sais ! A moi la cloche, avec ses tuyaux atmosphériques en caoutchouc, tuyaux expiratoires et aspiratoires, sa sonnette de rappel, son siége au-dessus du niveau où s'élève l'eau, sa lampe à réflecteur, et à la grâce de Dieu !

Hercule descendait, descendait encore sans trouver le fond des eaux. Il vit passer devant lui des monstres gigantesques de toutes les formes, des poissons bizarres, des êtres inimaginables. Il vit des plantes marines ornées de fleurs charmantes; certaines d'entre elles ressemblaient à des aigles aux ailes étendues, d'autres à des poissons diaprés des plus riches couleurs, d'autres encore ressemblaient à des colombes. Enfin, la cloche toucha le fond de la mer; là, les yeux d'Hercule furent frappés d'une multitude de coquillages des formes les plus variées; ceux-ci étaient contournés en trompettes, ceux-là représentaient des têtes d'éléphants, d'autres des têtes de singes; la plupart brillaient de couleurs éclatantes disposées comme par la main d'un peintre habile, en bandes alternatives et régulières, ou en cercles concentriques; il en voyait de mouchetés comme la peau d'un léopard; quelques-uns affectaient des bigarrures régulières en parallélogrammes ou losanges alternatifs; ces coquillages reposaient sur un sable tout étincelant de paillettes d'or et d'argent. D'abord il fut ébloui par cet aspect splendide du fond de la mer; ses yeux s'y étant habitués, il chercha le hochet, mais le mouvement des eaux l'avait sans doute couvert de coquillages et de sable d'or, car il ne le vit pas; sans se décourager, il le chercha longtemps, dérangeant doucement toute chose autour de lui; il allait se désespérer, quand il entendit murmurer à son oreille : « Souviens-toi! » « C'est vrai, se dit-il, j'oubliais! Le diamant a seul le don de réunir et de concentrer en lui-même tous les rayons lumineux; dans la nuit, ni l'or, ni l'argent, ni aucun de ces coquillages si brillants n'auraient d'éclat; en ce moment, leur splendeur me nuit et empêche le diamant de briller à mes yeux... Si j'éteignais ma lampe, il m'apparaîtrait certainement... Oui, mais éteindre ma lampe, rester ainsi dans cette obscurité, enseveli sous une masse d'eau incalculable, au milieu de tous ces monstres effrayants et terribles!... »

A cette pensée, il se sentit frissonner; un froid mortel pénétra jusqu'à la moelle de ses os, glaça son sang dans ses veines; il sentit son cerveau se troubler, ses oreilles tintèrent, et les images les plus horribles tour-

IL TIRE A LUI, C'EST LE DIAMANT !

noyèrent comme un tourbillon dans son imagination, il crut qu'il allait perdre connaissance. — Allons, dit-il en se rassurant par la pensée de sauver une existence humaine au prix même de la sienne,... allons! que Dieu me soit en aide! » et il éteignit sa lampe!... Ce fut un moment terrible,... il regarde au fond de la mer, rien! rien; alors une épouvante indicible s'empara de lui, les vagues roulaient sur sa tête, sous ses pieds, autour de lui, avec le bruit de cent tonnerres qui gronderaient à la fois, il chercha la sonnette de rappel en tâtonnant, mais ses mains tremblaient, la peur secouait son cerveau, comprimait ses tempes, son cœur battait à briser son enveloppe, tout contribuait en lui à détruire la certitude de ses mouvements et lui en ôtait la conscience. — « Cette fois, je suis perdu, bien perdu, dit-il... » Et élevant son cœur à Dieu il lui recommanda son âme. — « Dieu n'abandonne jamais ceux qui ont en lui une confiance raisonnable, » lui murmura la voix mystérieuse...

Pendant ce temps son esprit s'était calmé, il avait repris son empire sur lui-même, ses yeux enfin s'étaient habitués à l'obscurité. Tout à coup un vif rayon de lumière frappa ses yeux. Il saisit aussitôt une main de fer armée d'un long manche et dirigea doucement une fouille du côté d'où venait la lumière; bientôt elle augmente, augmente encore, augmente toujours! il tire à lui, c'est le diamant! La cloche était éclairée comme en plein soleil, il retrouva aisément la sonnette d'appel, la fit retentir et quelques instants après, la main puissante l'avait remonté du fond des abîmes, et remis à bord de la galère des géants. « Divin soleil, s'écria-t-il, je te salue! qu'il fait bon à tes chauds et fertiles rayons, à ta lumière vivifiante! sans toi la vie serait la mort, car les ténèbres en sont l'image aussi bien que le silence! »

Parvenu au rivage, Hercule remonta sur son infatigable cheval de fer, et prit la route du château.

Le roi et toute la cour l'attendaient avec une curiosité plus facile à imaginer qu'à peindre ! La reine était fort inquiète, elle braquait le microscope du côté où devait venir son protégé ; en apercevant la fumée que poussait le *cheval de fer* par ses naseaux enflammés (c'est ainsi qu'elle appelait la locomotive), elle respira plus à l'aise.

Hercule lui présenta respectueusement le hochet de la princesse sans dire un mot.

— Décidément, sire, dit la reine, ceci mérite une récompense ; donnez-lui le hochet qu'il a rapporté.

— Le plus précieux, le plus riche bijou de mon trésor royal ! Une fortune sans égale !

— Est-ce trop, sire, pour les merveilles qu'il a accomplies ?

— Mais, alors, que lui donnerai-je, quand il aura accompli les cinq derniers travaux ?

— Sire, vous en ferez le premier ministre de votre royaume.

— Hein ! que dites-vous de cette proposition de la reine, cher Pyramidalo !

— Sire, il en sera digne s'il accomplit les douze travaux. » Puis, en lui-même, il ajouta encore : « J'aurai soin de l'arrêter en chemin. »

— Eh bien ! Pyramidalo, inventez une huitième impossibilité, car, pour moi, je suis à bout d'inventions.

— J'y songerai, sire ; mais voici la nuit ; retirons-nous ; la nuit porte conseil.

— Prenez garde, cher ministre, ajouta la reine avec une inflexion de voix ironique, à votre âge, il est dangereux de trop fatiguer le cerveau ! Ménagez-vous !

CHAPITRE X.

Huitième travail d'Hercule Lambert. — Comment il donne de l'eau à une contrée qui en était dépourvue, et ce qui en advient.

PYRAMIDALO dormit du sommeil du sage; le lendemain en s'éveillant il se trouva l'esprit frais et dispos, s'habilla à la hâte et alla trouver le roi; il arriva d'un pas léger, l'air guilleret et se frottant les mains en souriant, comme un homme bien content de lui-même :

« Ah! ah! pensa le roi en le voyant venir, voilà Pyramidalo levé de bien grand matin... Comme il a l'air radieux!... Il y a du nouveau certainement. Auriez-vous une idée, cher ministre?

— Oui, sire, et une bonne!

— Est-elle vraiment bonne?

— Dam! pour bonne, elle est bonne, mais bonne, bonne, très-bonne, elle n'est peut-être pas bonne.

— Ah! ah! nous devenons modeste, Pyramidalo?

— Écoutez donc, sire, tout ce qui s'est passé est bien propre à m'inspirer quelque méfiance de moi-même.

— Cette méfiance est de bon augure, mon cher, et je commence à croire que vous avez décidément une bonne idée.

— Votre Majesté me comble, répliqua Pyramidalo en baissant les yeux; il imagina même qu'il rougissait avec une virginale timidité; quand on se croit sûr du triomphe, les apparences de la modestie ne coûtent rien, c'est un charmant assaisonnement de la victoire...

« Votre Majesté daigne m'écouter ?... reprit le ministre.

— Avec une vive curiosité, Pyramidalo.

— Que Votre Majesté daigne suivre mon raisonnement...

— Pyramidalo, s'écria le roi irrité en bondissant sur son siége, avez-vous juré de me pousser à bout, prenez garde! Voyez l'homme au cheval de fer et de feu, il ne fait pas de raisonnements, lui, il agit; faites de même, si vous voulez conserver mes bonnes grâces... Au fait! au fait! et vivement.

— M'y voici, Majesté; un vaste désert aride et d'une effroyable sécheresse sépare en deux parties les plus riches contrées de votre royaume et rend les communications presque impossibles de l'une à l'autre, par le manque d'eau qui atteint presque toutes les caravanes en route; ordonnez à votre homme de génie de créer trois ou quatre abondantes fontaines sur la route que parcourent les caravanes; s'il y parvient, vous aurez procuré à vos sujets un bienfait à jamais inappréciable, et la postérité la plus reculée bénira votre nom!... J'ai dit.

— Je savais bien qu'il avait une idée, pensa le roi. Puis tout haut : « L'homme le plus ingénieux n'est pas un dieu; il peut utiliser la matière existante, mais il ne peut créer, Pyramidalo, et exiger une pareille chose d'un homme serait presque offenser Dieu, savez-vous!

Le roi parlait ainsi, parce que, dans le fond de son âme, il rendait justice à l'intelligence de l'homme microscopique, parce qu'il l'estimait depuis qu'il s'était dévoué au salut d'un de ses sujets en risquant sa propre vie, enfin, parce qu'il commençait à s'y attacher secrètement et qu'il n'eût pas voulu le voir succomber dans une de ses entreprises. Mais Pyramidalo tint bon. Force fut donc au roi qui avait donné sa parole de commander à Hercule ce qu'il attendait de lui... Le pauvre garçon frémit jusqu'au fond de l'âme; mais il ne perdit pas courage.

— C'est bien; sire, avec l'aide de Dieu, je vous obéirai, dit-il modestement : il se retira et se dirigea vers le désert... Arrivé au point où devait s'élever la première fontaine, il réfléchit profondément :

— Moi ! moi seul entreprendre un tel travail ! Dix existences de la durée ordinaire de celles des hommes de mon espèce, dix existences mises au bout les unes des autres n'y suffiraient pas!

— Es-tu donc encore seul ? dit la voix secrète. « Souviens-toi ! »

En effet, se dit Hercule après un moment de réflexion, ce géant à qui j'ai sauvé la vie... Allons le trouver...

Il n'eut pas la peine d'aller bien loin, le géant l'avait suivi, désireux de remercier son sauveur. Il vint, et se couchant à terre, il prit lui-même le tube acoustique et le posa à son oreille :

— Es-tu reconnaissant? lui cria Hercule. — Je t'ai suivi par reconnaissance, murmura le géant.

— Es-tu prêt à me servir? — Commande et j'obéirai.

— Pourrais-je ranger sous mes ordres cent de tes concitoyens? — Mille, si tu le veux; tous admirent tes merveilleuses actions.

— Viens donc, et réunis-en cent, c'est assez.

Hercule remonta sur sa locomotive, et on sortit du désert; les cent géants rassemblés, Hercule leur fit transmettre ses ordres par son ami Montagneso (c'est ainsi que se nommait son obligé).

Vingt furent chargés d'abattre des arbres; vingt, de les débiter en planches, dix, de les réunir en les cintrant, de manière à en former des tubes énormes. Dix creusèrent un filon de fer qui en recouvrait une mine; dix construisirent et servirent un haut-fourneau où on fondit et où on coula le fer qui devait revêtir intérieurement les tubes de bois; dix construisirent des vis sans fin destinées à se souder bout à bout à mesure qu'elles s'enfonceraient dans la terre; la première était armée d'une cuillère aiguë et solide; le reste des géants dirigea la force de la vapeur qui fit tourner la vis immense et l'enfonça comme une vrille dans le sol, rompant les grès, broyant les cailloux, perçant l'argile et la craie qu'elle rencontrait; la terre, remontant jusqu'en haut autour des pas de la vis, se déversait extérieurement; des géants étaient occupés à enlever ces déblais à mesure, ils agissaient sans savoir quel devait être le résultat de leurs travaux, sans même s'en douter, aussi quelle fut leur admiration, quand Hercule, voyant déjà la terre humide annoncer qu'on avait rencontré la nappe d'eau souterraine, fit enlever tout l'appareil et qu'il s'éleva une immense colonne d'eau vers le ciel. « De l'eau! s'écrièrent-ils tous, de l'eau, une fontaine abondante dans le désert!

« Montagneso, va raconter au roi ce que tu as vu et ce que nous avons fait!

Le géant partit en courant. Vers la fin du jour, le roi arriva avec la reine, Pyramidalo et toute sa cour. En

DE L'EAU! S'ÉCRIÈRENT ILS, UNE FONTAINE ABONDANTE DANS LE DÉSERT!

voyant l'eau dans le désert, le roi fut si touché, qu'il s'écria avec conviction : « Dieu est grand, et l'âme de l'homme est vraiment créée à son image ! »

Pyramidalo, consterné, stupéfait, ne trouva pas une parole.

Ce fut dans tout le royaume l'occasion d'une fête splendide où les peuples bénissaient l'homme microscopique comme l'envoyé de Dieu même.

CHAPITRE XI.

Neuvième travail d'Hercule Lambert. — Comment il remplaça le soleil pendant la nuit et ce qui en advint.

Cependant l'implacable et ambitieux Pyramidalo ne pouvait se résigner à céder sa place à l'homme microscopique. Il sentait pourtant bien la supériorité de celui-ci, mais son orgueil lui fit prendre la résolution de soutenir jusqu'au bout la lutte contre son rival, d'abord si dédaigné. Il creusa donc sa pauvre cervelle, et à force de chercher, voici ce qu'il trouva :

— Sire, dit-il nettement au roi et sans entrer dans aucun raisonnement, la nuit apporte avec elle de graves inconvénients; les travaux souvent très-urgents sont interrompus forcément; enfin les rues de votre capitale ne sont pas sûres; les citoyens attardés pour leurs affaires ou pour leurs plaisirs ne rentrent pas chez eux sans danger...

— Eh bien ! dit Sa Majesté en riant, ne voulez-vous pas que je commande à l'homme de génie de forcer le soleil à éclairer toujours notre terre ?

PYRAMIDALO EST EXPOSÉ A LA RISÉE DE TOUS LES GENS DU CHÂTEAU.

— Non, sire, ce serait évidemment contre les ordres de Celui qui a tracé aux astres leur marche régulière; mais qu'il s'arrange de manière à remplacer le soleil pendant la nuit.

— Ah ! dit Krikkrankkrok indigné, votre haine va trop loin et ceci est par trop violent... Je lui proposerai ce travail, mais je ne le lui imposerai pas.

— Pourtant, sire... votre parole royale... et d'ailleurs l'homme de génie n'a-t-il pas déjà huit fois réalisé l'impossible !

— Allons ! c'est bien... Je tiendrai ma parole !

Il fit donc venir Hercule, et, en tremblant, il lui commanda de remplacer le soleil pendant la nuit.

— Ah ! sire, je vous en conjure, commandez-moi autre chose !

— Non, dit le roi avec chagrin, c'est cela que je veux, et non autre chose.

— Sire, Votre Majesté a donc juré ma perte ! Je vous en supplie humblement, daignez rétracter cet ordre.

— Je ne le puis.

En voyant le succès de sa méchanceté, Pyramidalo se réjouissait intérieurement.

Hercule était si troublé qu'il demeurait immobile, écrasé sous son impuissance.

« Souviens-toi ! souviens-toi donc ! » lui murmura d'un ton impatient la voix mystérieuse.

— Sire, j'obéirai, dit enfin Hercule.

Aussitôt il se mit en communication avec son ami Montagneso.

« Fais construire au centre de la ville, par tes amis, une tour qui dépasse du quadruple en hauteur les plus hauts édifices de la ville. »

La chose était facile, les maisons dans ce monde étrange n'ayant qu'un rez-de-chaussée. Lors donc que la tour fut élevée, Hercule fit disposer sur la plate-forme un appareil dont les éléments parurent bien singuliers à Montagneso et à ses amis. C'étaient tout simplement des rondelles de cuivre et de zinc couchées dans un certain ordre dans un bain d'eau acidulée, puis des fils de cuivre, des tiges métalliques, deux charbons de coke maintenus en face l'un de l'autre par un appareil, et, par-dessus tout, un vaste réflecteur poli et brillant comme de l'argent. S'il se fût agi de rassembler un million de bougies ou de faire un immense bûcher d'une forêt de sapins, ils eussent mieux compris ce formidable feu de joie éclairant le ciel et la ville !

Quand tout fut prêt et la nuit venue, Hercule se fit porter par le géant au sommet de la tour. On le vit saisir les fils de cuivre, et aussitôt un flot de lumière éblouissante couvrit la ville; on y voyait dans toutes les rues comme en plein midi. Ce ne fut qu'un seul cri de la part des habitants qui sortirent tous pour jouir de ce nouveau soleil.

Frappé jusqu'en son palais de cette lumière immense qui venait triomphalement chasser les ténèbres de la nuit, le roi comprit que ses ordres étaient exécutés.

— Vous êtes encore vaincu, Pyramidalo, dit-il à son ministre; auriez-vous l'intention de continuer la lutte entre vous et l'homme de génie? Prenez garde, car si votre rival succombe, foi de Krikkrankkrokk, je vous fais pendre ! en vérité, c'est pousser trop loin la haine et je m'en indigne à la fin.

Pyramidalo eut peur ; il y avait de quoi; mais la haine, l'orgueil (quelles hideuses passions !) lui soufflèrent à l'oreille que le roi n'exécuterait pas sa menace; et il persista dans la poursuite de ses projets odieux.

CHAPITRE XII.

Dixième travail. — Comment Hercule Lambert fit une opération à la Princesse royale sans qu'elle ressentit aucune douleur.

CEPENDANT, comme le disait si bien le sage Pyramidalo : « *La nuit porte conseil.* » Après une bonne nuit, il tint le matin conseil avec lui-même; et pour ne pas s'exposer à être pendu, perspective qui ne lui offrait aucun point de vue agréable, il résolut d'attendre l'occasion et de suggérer adroitement au roi un ordre de nature à perdre son rival; de cette manière, il atteindrait son but sans compromettre sa précieuse existence.

L'occasion ne tarda pas à se présenter.

La petite princesse souffrait beaucoup depuis quelque temps d'un panaris qui lui était survenu au doigt. Le médecin avait déclaré une opération indispensable; mais l'opération était extrêmement douloureuse; et la reine et le roi lui-même n'avaient pu se résoudre à la permettre. Cependant la douleur devenait insupportable; elle arrachait jour et nuit des cris déchirants à l'enfant; la fièvre redoublait, plus d'appétit, plus de sommeil, pour la pauvre petite. Le médecin déclara enfin qu'il serait dangereux de tarder plus longtemps.

— Ah! si l'homme de génie le voulait bien, disait sournoisement Pyramidalo, il éviterait la douleur.

— Êtes-vous fou, répondait la reine; croyez-vous qu'on supprime la douleur comme on supprime les distances et le temps. La douleur est inhérente à la nature humaine, elle est une des conditions de notre organisation.

— Il n'est pas non plus dans les conditions de notre organisation de vivre seulement cinq minutes au fond de la mer, et pourtant l'homme de génie y a vécu plus de trois heures, d'où je conclus qu'il pourrait très-bien éviter à la princesse la douleur de cette opération. Ce que j'en dis, Madame, n'est que dans l'intérêt de votre tendresse maternelle.

Il répéta si souvent cette pensée que la reine fit venir secrètement son petit favori et lui demanda s'il pourrait faire que la princesse ne ressentît aucune douleur de l'opération.

— Je le pourrai très-aisément, Madame.

— Vous ne voyez aucun inconvénient à ce que le roi vous donne cet ordre?

— Aucun, en vérité, et je serai heureux d'éviter une douleur à la princesse.

— Si vous le faites, je vous en aurai une reconnaissance bien vive.

« Sire, dit la reine à son époux, nous voilà bien embarrassés pour peu de chose... Votre futur ministre pourra certainement faire que l'opération ne cause aucune douleur à notre enfant...

— Un moment, madame; je dois vous faire un aveu : je l'estime aujourd'hui, je le respecte même, j'ose le dire, et je l'aime; je serais bien fâché qu'il lui arrivât malheur.

— Eh! bien, sire, rassurez-vous, il m'a confié lui-même que l'exécution de cet ordre lui serait facile...

— Tout est donc pour le mieux... Faites venir notre favori.

Le roi, devant Pyramidalo, et à la grande joie de celui-ci, donna à Hercule l'ordre dont nous avons parlé.

Hercule appela aussitôt son ami et fidèle serviteur et lui donna ses ordres. — Sire, ajouta-t-il, en s'adressant au roi, que Votre Majesté ne se trouble pas; je vais plonger la princesse dans un sommeil où, pour quelques instants, son corps perdra toute sensibilité; elle sortira d'elle-même de ce sommeil factice quelques instants après l'opération dont elle ne se sera même pas aperçue.

Les choses se passèrent comme l'avait annoncé Hercule; un instant avant l'opération il fit respirer à la princesse un peu de chloroforme; elle s'endormit très-tranquillement pendant l'œuvre du médecin.

— Elle est morte! s'écria Pyramidalo, l'homme-ciron a tué la princesse royale! Le scélérat!

— Taisez-vous, vieux bavard, insupportable envieux!... lui répondit dédaigneusement le roi.

— Ah! riposta Pyramidalo tout décontenancé!... Que se passe-t-il donc?

La princesse reprit connaissance en souriant, et son premier mouvement fut de se pencher vers sa mère pour l'embrasser.

« Merveilleux! » s'écrièrent à la fois le roi, la reine et le médecin; « merveilleux! » dit aussi le ministre.

— Ainsi, vous voilà convaincu, mon cher, dit le roi. Très-convaincu, sire; je me prosterne devant le génie de l'homme; non, je veux dire devant l'homme de génie; je m'efface et m'avoue vaincu. « Allons chercher un autre moyen plus sûr, » ajouta-t-il en lui-même en se retirant.

CHAPITRE XIII.

Onzième travail d'Hercule Lambert. — Comment il contraignit le vent à chanter harmonieusement les louanges de Dieu.

Le ministre n'osait plus s'attaquer à Hercule directement; il n'osait même plus suggérer indirectement au roi ni à la reine les ordres qu'il voulait imposer à l'homme microscopique; toutefois, il ne renonça pas pour cela à ses projets contre lui, et la jalousie lui inspira une machiavélique adresse.

Afin de se rendre plus utile à cette population encore si peu civilisée, Hercule avait instruit Montagneso non-seulement à fouiller les mines, à fondre le fer, mais à couler le verre, à construire des rails-ways, à fabriquer des locomotives. Il lui avait enseigné tous les arts et toutes les industries qui caractérisent les peuples très-civilisés; son ami Montagneso avait promptement formé son escouade de géants à le seconder dans ses travaux, et le pays se transformait à vue d'œil. Hercule jouissait donc du respect et de l'attachement de tout ce peuple qui avait en lui une confiance illimitée. On le regardait comme l'envoyé mystérieux de la Providence; ses moindres paroles étaient des oracles. Il eût été le roi de ce pays, s'il l'avait voulu, mais il n'y songeait guère.

Ce fut précisément sur les sentiments qu'Hercule avait inspirés à toute la nation que Pyramidalo fonda ses odieux calculs. Voici comment :

Le premier soin d'Hercule avait été de faire construire des monuments magnifiques où la religion avait désormais un culte public et solennel.

Pyramidalo avait des agents secrets, sorte de police qu'il avait établie plus dans son intérêt personnel que dans celui de l'État. Il pouvait, par ces hommes qu'il récompensait généreusement, se tenir au courant des moindres actes de son rival et de l'opinion publique, sur laquelle il exerçait ainsi une certaine action.

Il avait entendu répéter quelquefois à Hercule ces mots : « Tous les bruits de la nature forment un magnifique » concert qui célèbre la grandeur de Dieu! » Pour lui, prenant ces mots dans leur sens matériel, il avait cherché des intentions musicales dans le bruit des flots, dans l'agitation des forêts, dans les souffles de l'air, et, dans tout cela, il n'avait trouvé que du bruit et pas le moindre concert. Il crut prendre Hercule en faute, et cette conviction lui inspira une idée que, pour cette fois, il crut triomphante. « Eh! bien, se dit-il, puisqu'il prétend que » tous les bruits de la nature forment un concert, qu'il nous le prouve en forçant le vent, qui fait un bruit si » désagréable, à chanter harmonieusement les louanges de Dieu; » mais comme il n'eut osé en parler au roi, il fit circuler insensiblement cette idée dans le peuple, puis ses agents soufflèrent aux habitants de la capitale la pensée d'exposer leur désir au roi en le priant d'imposer à Hercule l'ordre de réaliser le désir commun. Un jour donc, une députation des habitants vint respectueusement faire connaître au souverain le vœu de la nation.

Le roi trouva la demande tout à fait extraordinaire, « faire chanter harmonieusement le vent, le contraindre à former un concert ! » Sa Majesté se douta bien du rôle secret que son ministre jouait dans cette affaire ; aussi se garda-t-il de prendre aucun engagement, il répondit « qu'il réfléchirait à cette demande et informerait ses sujets » de la résolution qu'il aurait prise. » Il voulait d'abord consulter son homme de génie afin de ne pas le compromettre par une entreprise peut-être impossible, et qui d'abord lui parut telle.

Aux premiers mots du souverain, Hercule répondit en souriant qu'il acceptait volontiers cette tâche.

— Allez donc, lui dit le roi, ce sera votre onzième travail. Hercule fit construire un orgue immense en proportion avec les vastes dimensions de l'édifice qui devait le recevoir. — Il était composé d'un nombre infini de tuyaux, avait plusieurs claviers, de façon à former un orchestre des plus complets.

Chaque instrument à vent connu y était représenté dans toutes ses gammes, la trompette, le cornet à piston, la flûte, le hautbois, le cor, le cor anglais, etc. ; en instruments à cordes, Hercule avait pu imiter par la disposition du bec des tuyaux, la basse, le violoncelle et la harpe. Enfin, certains tuyaux, par une autre combinaison imitaient dans toute sa portée la voix humaine, celle des hommes et celle des femmes et des enfants; d'autres enfin étaient d'une douceur si charmante, qu'ils furent appelés les *voix célestes*.

Hercule fut longtemps à enseigner à son ami Montagneso à jouer de cet instrument si compliqué. Enfin il y parvint; quand il le crut en état de le faire entendre, il convoqua le peuple et la cour dans une solennité religieuse.

Selon les conseils de son maître, Montagenso préluda d'abord sur le ton médium, puis il s'éleva graduellement à des tons plus pénétrants ; la flûte, le cor, les voix humaines, etc., se croisaient donc sans cesse dans un accord ravissant, sans se mêler jamais, et formaient un concert de plus de vingt instruments différents. Il fit

SELON LES CONSEILS DE SON MAÎTRE, MONTAGNÉSO PRÉLUDA,...

entendre la colère de Dieu dans le roulement du tonnerre, dans le fracas de la foudre, le rugissement de la tempête, les sourds mugissements de la mer en fureur. Par moments, les voix humaines en prière, soutenues par les instruments, se détachaient dans un repos de la tempête; puis les voix célestes semblaient à leur tour intervenir auprès de Dieu en faveur des hommes. La colère du Seigneur s'apaisait comme par degrés. Les voix humaines auxquelles répondaient les voix célestes se détachaient plus sensiblement dans l'ensemble, et enfin le concert se terminait par des accords qui se fondaient harmonieusement avec les voix célestes dans des motifs d'une douceur infinie; enfin tout s'éteignait dans un éloignement insensible et progressif, comme si les anges remontaient dans les régions du ciel, et la dernière note s'exhalait en un soupir presque divin.

L'Assemblée était plongée dans une si pieuse extase, que longtemps la dernière note était remontée vers le ciel. Personne ne fit un mouvement; les bouches étaient muettes d'admiration, de joie entière; les cœurs palpitaient; les âmes étaient ravies. La religion avait donc là aussi son instrument admirable et complet de glorification.

Pyramidalo sentit avec étonnement sa haine s'éteindre tout à coup; la plus vive sympathie, l'enthousiasme le plus sincère, le respect le plus profond s'emparèrent de lui; il s'inclina vers les orgues où Hercule était enseveli par sa petitesse, et mettant la main sur son cœur, il s'écria : « Homme de génie, je t'admire, je te respecte; ton corps est si petit qu'il en est presque imperceptible, mais ton âme, par sa grandeur, nous dépasse tous de bien haut. Homme de génie, je suis désormais ton plus humble et ton plus fidèle serviteur. »

— Ah! bien! très-bien! s'écria le roi enchanté; ceci est digne de vous, Pyramidalo; votre conversion s'est fait bien attendre, mais elle est complète autant qu'éclatante. Pyramidalo, cette fois, je vous reconnais et vous rends mon estime avec mon amitié!...

CHAPITRE XIV.

Douzième et dernier travail d'Hercule Lambert. — Comment il s'ouvre un chemin à travers les airs, et ce qui en advient.

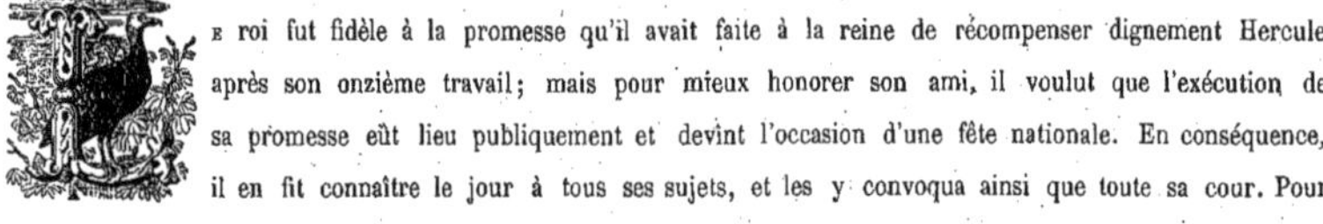

Le roi fut fidèle à la promesse qu'il avait faite à la reine de récompenser dignement Hercule après son onzième travail; mais pour mieux honorer son ami, il voulut que l'exécution de sa promesse eût lieu publiquement et devînt l'occasion d'une fête nationale. En conséquence, il en fit connaître le jour à tous ses sujets, et les y convoqua ainsi que toute sa cour. Pour que chacun pût jouir à loisir de la vue du nouveau ministre, président du conseil, il fit faire une immense quantité de longues-vues qui furent distribuées gratuitement.

Au milieu d'une plaine immense, s'élevait une tour de la hauteur ordinaire des géants; sur cette tour un trône brillant était préparé, Hercule y prit place, le roi s'assit sur un autre trône plus splendide encore un peu au-dessus de son ministre, la reine prit place auprès de son époux, puis dans un demi-cercle, tous les princes et tous les dignitaires de l'État, chacun suivant son importance. En présence de l'innombrable assemblée le roi passa au cou d'Hercule un collier de diamants fait à sa taille et où pendait un grand crachat en diamants aussi, car le roi créait son favori *grand commandeur de l'ordre des* AMES GÉANTES, il le nomma *président de l'Académie* DU MICROSCOPE, *directeur de* LA SOCIÉTÉ DU GÉNIE dont il devait recruter lui-même les cent membres; toutes ces institutions étaient établies exprès pour lui; le roi l'éleva en outre au rang de *prince* avec le titre d'ALTESSE SÉRÉNISSIME et le fit DUC DU CHEVAL DE FER ET DE FEU.

Il lui remit enfin le hochet de diamants et le déclara aussi inviolable que lui-même.

Le peuple applaudit à cette justice royale par un hourrah frénétique qui faillit rendre Hercule sourd.

Tant d'honneurs, de puissance, de fortune, de gloire, d'hommages, d'admiration et de respect, tant d'encens brûlé sous son nez lui monta au cerveau et il en fut enivré; il voulut y répondre par un dernier prodige qui surpassât tous les autres. « Sire, dit-il, il me reste un travail à accomplir.

— Inutile, lui dit le roi, cher ministre et ami, ceux que vous avez accomplis sont plus que suffisants.

— Que Votre Majesté daigne m'excuser, je tiens comme je le dois, à me montrer digne de ses bontés et je viens en fournir un dernier et plus éclatant témoignage.

— Faites donc ainsi qu'il vous plaira, mais gardez-vous d'une entreprise au-dessus de vos forces.

Hercule sourit dédaigneusement à ces derniers mots.

— Sire, dit-il, après-demain, à vos yeux, à ceux de tout votre peuple, je m'élèverai dans les airs, et m'y traçant un chemin, j'irai déposer au château des Joujoux le précieux hochet, trop précieux pour qu'un simple particulier puisse le garder chez lui, et je reviendrai par le même chemin.

— Oh ! s'écria le roi, prenez garde !

— Pourquoi donc craindre pour Son Altesse, interrompit l'enthousiaste Pyramidalo ; la foudre, le vent, le fer, l'eau, le feu, la terre, la douleur, l'espace, le temps, tous les éléments, toute la matière, toute la nature sont devenus ses esclaves, pourquoi l'air seul lui serait-il rebelle ?

— Il ne le sera pas, dit Hercule avec une assurance mêlée d'orgueil.

— Faites donc comme vous l'entendrez, cher ministre, dit le roi convaincu de l'immense pouvoir de son favori.

Puis, se tournant vers la reine, il lui dit à l'oreille : « Je ne sais pourquoi, mais je ne suis pas sans inquiétude » sur le succès de cette entreprise. »

— Je partage vos craintes, sire ; ne pourrait-on l'en empêcher ?

— Comment ?... Je ne puis donner une marque de défiance à mon nouveau ministre, dès le premier jour de son ministère... Comment d'ailleurs justifier mon opposition ?... Des appréhensions que ses antécédents rendent ridicules me condamneraient, dans l'esprit de mon peuple ; il faut laisser agir notre nouveau ministre ; sans doute, il triomphera, cette fois encore.

— J'en fais le vœu sincère, sire.

Hercule fit fabriquer un immense ballon en baudruche, destiné à contenir du gaz, l'entoura d'un vaste filet à l'extrémité duquel il suspendit un grand et fort panier d'osier, disposé en nacelle. Il mit au fond de la nacelle un lest de sable suffisant et prépara plusieurs soupapes au corps du ballon que le gaz devait remplir, afin d'être maître de le faire descendre à volonté, en lâchant du gaz par les soupapes, ou de le faire remonter en

AUSSITOT LE BALLON S'ÉLEVA MAJESTUEUSEMENT DANS LES AIRS.

jetant du lest. Le gaz, étant bien plus léger que l'air, devait élever tout l'appareil dans l'atmosphère et l'y maintenir.

Le jour solennel étant venu, du gaz préparé à cet effet fut introduit au moyen de tuyaux dans le ballon qui commença à se balancer sur le sol, puis la quantité de gaz augmentant, s'éleva un peu plus, puis plus encore et emporta la nacelle au-dessus de la terre. La foule commença à frémir.

Enfin, Hercule fit signe à Montagneso de couper les cordes qui retenaient tout l'appareil à la terre : le géant obéit. Aussitôt le ballon s'éleva majestueusement dans les airs, emportant dans sa nacelle Hercule que saluait glorieusement la foule armée de longues-vues. Le ballon montait, montait toujours, gracieux et léger. Le voyant près de disparaître à sa vue, le peuple ébahi, poussa un cri d'admiration qui chatouilla agréablement les oreilles d'Hercule.

— Présomptueux ! lui dit la voix mystérieuse.

D'abord Hercule, calculant sa marche sur le nord, alla dans la direction du château des Joujoux ; il attribuait la certitude de sa marche aux ailes de la nacelle ; ces ailes étaient de son invention, et il s'en glorifiait.

— Orgueilleux ! dit la voix mystérieuse.

Le vent, changeant aussitôt, emporta Hercule dans une direction opposée.

Hercule fit en vain varier son gouvernail et mouvoir les ailes de la nacelle, le vent l'emportait toujours. « Me serais-je trompé à ce point ! se dit-il en éprouvant une première crainte. »

« Ingrat ! » dit la voix mystérieuse, et le ballon montait toujours, s'éloignant de sa direction. L'ombre commençait à s'emparer du ciel, Hercule eut peur ; il fit des efforts inutiles pour reprendre sa route, un coup de vent brisa son gouvernail; l'ombre s'épaississait autour de lui : ses craintes s'en accrurent... Les dernières lueurs du jour s'éteignirent complétement. Les ténèbres les plus épaisses l'environnèrent; il trembla. Le ballon était emporté avec une vitesse incalculable, tout à coup, il entendit autour de lui et à des distances qui ne finissaient pas, des cris plaintifs, des sanglots, des pleurs. « Ah! dit-il, où suis-je? »

« Tu traverses la région des gémissements, » lui répondit la voix mystérieuse.

Un froid mortel le saisit, ses dents claquèrent. Aux gémissements succédèrent des éclats de rire convulsifs, il n'entendait plus autre chose. Ces rires ironiques retentissaient comme des sifflements aigus à ses oreilles.

« Région des ricanements! » dit la voix.

Puis, il se sentit entraîné dans une autre région; tous les bruits imaginables s'y rencontraient mêlés dans un chaos sans nom; ses oreilles en étaient déchirées, assourdies; il lui paraissait que son crâne allait éclater, tout son cerveau se distendait, se gonflait, s'élargissait; en même temps, il lui semblait qu'il devenait de plomb et si lourd que son corps ne pouvait plus le supporter, sa tête ballotait dans tous les sens sur ses épaules; la douleur qu'il éprouvait était indescriptible.

« Région des remords! » dit la voix.

« Oui, Seigneur, oui, j'ai été coupable d'orgueil et d'ingratitude! s'écria Hercule en pleurant. Seigneur! faites-moi grâce dans votre miséricorde! »

« Dieu pardonne toujours au repentir sincère, » dit la voix.

Les douleurs cessèrent; le ballon prit une marche modérée; mais une puissance invincible tenait fermées les paupières d'Hercule; tout devint trouble et confusion dans ses idées. Il perdit presque la sensation de ce qui se passait en lui et autour de lui; il lui semblait pourtant que le ballon se rapprochait de la terre...

Tout à coup, il éprouva une commotion, et sentit une main se poser sur son épaule; il bondit en sursaut :

— Ah! sire, j'ai été orgueilleux; Dieu m'a puni, mais il m'a pardonné ; Votre Majesté ne sera pas plus sévère que Dieu!

— Quoi! « Sire, Majesté, » à qui en as-tu? lui dit une voix bien douce à son oreille.

Il ouvrit les yeux, reconnut son père et sa mère, se jeta dans leurs bras. « Quoi, c'est vous, mon cher père! ma bonne mère! J'ai encore le bonheur de vous posséder?

— Nous croyais-tu donc morts?

— Hélas! oui... Je vous ai bien pleurés! Mais où suis-je?

— Mais dans le jardin, sur ta chaise!

— Quoi! je n'ai pas de barbe! dit Hercule en se passant la main sur la figure.

— Mais non, pas encore! Nous la verrons pousser dans dix ou douze ans.

— J'ai donc rêvé! mais quel rêve affreux et bizarre! comme il m'a fait souffrir!

— Quoi d'étonnant? Tu as la mauvaise habitude, dont nous n'avons pu te guérir encore, de dormir, le soir, au lieu de travailler ou de lire. Dans cette position mauvaise pour le sommeil et sous le coup d'une digestion non achevée, tes rêves sont nécessairement des cauchemars!

— Si vous saviez, mon père, comme toutes les parties de mon rêve se liaient entre elles!

Hercule alors raconta à ses parents tout ce que nous avons raconté nous-mêmes à nos lecteurs.

M. Lambert l'écouta attentivement et lui parla ensuite comme il suit:

« Ton rêve est, comme tous les rêves un mélange de vrai et de faux, c'est en quelque sorte un conte de » fées, à cette exception près, que dans les contes de fées, les féeries se présentent comme des réalités, tandis » que dans ton songe, c'est la réalité qui se présente sous des circonstances fantastiques, sans cesser toutefois » d'être vraies. Je t'ai fait pendant le dîner un tableau poétique, mais exact, des merveilles que produisent, » chaque jour, les progrès de l'industrie ; ton imagination frappée a reproduit fidèlement mes images pendant » ton sommeil ; et ton rêve prouve au moins que tu m'avais écouté attentivement, ce dont je te félicite. Je te » félicite aussi du sentiment moral et religieux dont ton rêve est empreint ; tu l'as très-bien compris ; *la voix* » *mystérieuse* est celle de ta conscience ; le *souviens-toi* te démontre la nécessité et l'utilité de la science ; *la* » *main puissante* est bien en effet celle de Dieu que nous devons voir dans toutes les œuvres utiles des hommes.

Je raconterai ton rêve à notre ami A. de S.... qui y trouvera peut-être l'occasion d'un livre intéressant pour les enfants de ton âge.

Saint-Denis. — Typographie de A. Moulin.

www.ingramcontent.com/pod-product-compliance
Ingram Content Group UK Ltd.
Pitfield, Milton Keynes, MK11 3LW, UK
UKHW021103260726
13994UKWH00002B/676

9 782329 143057